本书获得中共江苏省委党校（江苏行政学院）
资助出版

中共江苏省委党校文库

中国风电产业与金融业
耦合系统分析及评价研究

李晗 著

Analysis and Evaluation
on the Coupling System of the Wind Power Industry and
the Financial Industry in China

中国社会科学出版社

图书在版编目（CIP）数据

中国风电产业与金融业耦合系统分析及评价研究 / 李晗著 . —北京：中国社会科学出版社，2021.10
ISBN 978 - 7 - 5203 - 9287 - 7

Ⅰ.①中… Ⅱ.①李… Ⅲ.①风力发电—电力工业—关系—金融业—研究—中国 Ⅳ.①F832.41

中国版本图书馆CIP数据核字（2021）第215818号

出 版 人	赵剑英
责任编辑	喻　苗
责任校对	胡新芳
责任印制	王　超

出　　版	中国社会科学出版社
社　　址	北京鼓楼西大街甲158号
邮　　编	100720
网　　址	http://www.csspw.cn
发 行 部	010 - 84083685
门 市 部	010 - 84029450
经　　销	新华书店及其他书店
印　　刷	北京明恒达印务有限公司
装　　订	廊坊市广阳区广增装订厂
版　　次	2021年10月第1版
印　　次	2021年10月第1次印刷
开　　本	710×1000　1/16
印　　张	12.5
插　　页	2
字　　数	193千字
定　　价	68.00元

凡购买中国社会科学出版社图书，如有质量问题请与本社营销中心联系调换
电话：010 - 84083683
版权所有　侵权必究

前　言

　　日益加重的能源短缺和环境污染问题严重制约着人类社会的发展，开发可持续发展的清洁能源已经成为全人类的共识。在习近平总书记"绿水青山就是金山银山"的绿色发展理念引领下，中国的生态经济发展取得了重大成就，而对未来生态经济最具有全局性的革命就是新能源革命，其中，风力发电已经成为全世界公认的最具有大规模商业开发价值的新能源发电技术。为保障风电产业的快速发展，中国政策制定机构、投融资机构、技术研发机构以及项目开发商都给予了高度的重视，从1986年中国建设第一座风力发电场以来到2016年中国风电累计装机容量已经达到了1.69亿千瓦，位居世界首位。

　　随着中国风电产业发展规模的不断扩大，追加投资的需要使得其对金融资源的需求迅速上升，同时也凸显了风电产业发展中金融供给不足和金融配置效率较低的问题。因此，如何实现风电产业与金融业的良性互动，促进两者相互协调、共生共荣是促进中国风电产业可持续发展亟待解决的难点之一。考虑到产业发展对金融发展的基础性作用以及金融发展对产业发展的能动作用，风电产业与金融业的耦合发展是实现风电产业与金融业"共赢"的基础，而两者耦合协调性的不断增强则是"共赢"效应形成的前提和必要过程。

　　基于以上背景，本书在借鉴相关理论研究和应用成果的基础上，试图从系统科学的视角对促进中国风电产业与金融业良性互动的问题进行研究。为实现该目的，本书首先对风电产业与金融业、耦合及耦合系统等基本概念进行了界定，在此基础上提出了风电产业与金融业耦合的三维度效应，在耦合效应的前提下，构建了风电产业与金融业耦合系统，并对耦合系统的内涵、基本特征及系统框架等进行了深入分析。其次，运用耗散结构理论和熵理论对风电产业与金融业耦合系统不断寻求更高层次有序结构和不断寻求系统熵减的内在运行与发展的系统机理进行了分析。再次，通过构建风电产业与金融业耦合系统"SD-协调度"综合评价模型对中国风电产业与金融业耦合系统进行了评价。最后，运用系统动力学模型对风电产业与金融业耦合系统进行了多政策仿真，通过对仿真结果的分析，筛选出了可以促进风电产业与金融业耦合系统协调发展的最优政策方案，并以此为基础提出了促进中国风电产业与金融业耦合系统协调发展的对策建议。

本书的主要创新和突破包括：（1）结合系统动力学模型与耦合系统协调度评价模型构建了对中国风电产业与金融业耦合系统进行评价的"SD-协调度"综合评价模型，以此对中国风电产业与金融业耦合系统进行评价。（2）从风电产业与金融业耦合系统耗散性和熵变的角度剖析了风电产业与金融业耦合系统不断寻求更高层次有序结构和不断寻求系统熵减的内在运行与发展的机理。（3）提出了风电产业与金融业耦合的三维度效应，认为风电产业与金融业在耦合发展的过程中会产生交互、互补和价值增值三个层次和维度的效应。

本书内容虽显浅薄，但仍希望能够为相关研究与政策分析提供借鉴。

摘 要

随着中国工业化与城镇化的不断深入发展,能源结构不合理、环境污染严峻等问题逐渐凸显。风力发电作为技术最成熟、最具规模开发和商业开发前景的可再生能源之一,对于改善能源结构、保护生态环境和实现经济的可持续发展具有重要的意义。为保证风电产业的健康、稳定发展,大量的资金支持必不可少,但限于风电产业资本需求较大、风险较高的特征,以及风电市场形势的不确定性,中国风电产业的金融供给严重不足,现有的金融供给与风电产业发展的金融需求之间也存在配置效率低下的问题。基于这样的背景,本书将风电产业与金融业纳入一个整体系统进行综合考虑,构建了风电产业与金融业耦合系统,并做了如下的研究。

首先,以风电产业与金融业的概念及特征、耦合及耦合系统的含义界定为基础,提出了风电产业与金融业耦合的三维度效应。在耦合效应的前提下,构建了风电产业与金融业耦合系统,并从系统科学的角度对构建的风电产业与金融业耦合系统的内涵、边界、环境、特性、系统要素、子系统以及系统基本结构关系进行了全面的分析。

其次,分析了风电产业与金融业耦合系统发展的动力机制,并从其耗散结构特征和熵变的角度揭示了风电产业与金融业耦合系统不断寻求更高层次有序结构、不断寻求系统熵减的内在运行与发展的系统机理。

再次,结合系统动力学模型与耦合系统协调度模型构建了风电产业与金融业耦合系统的"SD-协调度"综合评价模型,以此对中国风电产业与金融业耦合系统进行了评价,结果显示,中国风电产业与金融业耦合系统还处在从磨合阶段向中度耦合阶段过渡的发展时期，风电产业与金融业之间尚未形成良性的互动机制。

最后，对风电产业与金融业耦合系统进行了多政策仿真，通过对仿真结果的分析，筛选出了有利于其协调发展的最优政策方案，并以此为依据提出了促进中国风电产业与金融业耦合系统协调发展的对策建议。

Abstract

With the deepening development of China's industrialization and urbanization, the gap of electricity demand is increasingly big, the problem of energy shortage and environmental pollution is increasingly serious, and the task of energy conservation and emission reduction is major for China. Developing wind resources is one of the important means to promote China's energy structure adjustment, reduce environmental pollution and realize energy conservation and emissions reduction targets. In order to ensure the sustainable and healthy development of the wind power industry, a large number of financial support is indispensable. However, the high benefit and risk characteristics and the uncertainty of the wind power market, so the financial supply for the wind power industry is short in China, and there is also a serious mismatch between financial supply and financial needs of the wind power industry. Based on such background, this paper made the following research:

Firstly, this paper analyzes the coupling system of the wind power industry and the financial industry: Defining the connotation and characteristics of the wind power industry and the financial industry, defining the connotation of coupling and coupling system. Based one these connotations, analyzes the three dimension effect of the coupling between the wind power industry and the financial industry. Moreover, analyzes the connotation、the border、the environment、the features、the system elements、the subsystem and the system structure.

Secondly, this paper analyzes the system mechanism: qualitative analysis the dynamical mechanism of the development of the wind power industry and the financial industry; utilizes the dissipative structure theory and entropy theory to reveal the inherent laws of operation and development about the coupling system of the wind power industry and the financial industry that seeking for higher level orderly structure and system entropy decreases constantly.

Thirdly, this paper combines with the system dynamics model and the coupling coordination degree evaluation model to build the "SD-coordination degree" comprehensive evaluation model to evaluate and predicte the degree of goal system, the coupling degree of the system, the system coordination degree for the coupling systems of the wind power industry and the financial industry. Conclusion shows that the coupling systems of the wind power industry and the financial industry in China is still in the running-in stage period and towards a higher level of development, and the wind power industry and financial industry did not form a benign interaction mechanism;

Finally, this paper takes the policy simulation on the coupling system, screens the optimal policy options that can promote the development of system coordination through the analysis of simulation results. And on this basis puts forward the countermeasures and Suggestions that can promote the coordinated development of the coupling systems of the wind power industry and the financial industry in China.

Key Words: the wind power industry; the financial industry; coupling system; system mechanism; coordination degree evaluation

目 录

第一章 绪论 ……………………………………………………… (1)

　第一节 问题提出 ………………………………………………… (1)

　　一 研究背景 …………………………………………………… (1)

　　二 研究意义 …………………………………………………… (3)

　第二节 国内外相关研究综述 …………………………………… (4)

　　一 产业发展与金融关系的相关研究 ………………………… (4)

　　二 系统耦合理论的相关研究 ………………………………… (10)

　　三 风电产业发展与金融关系的相关研究 …………………… (17)

　　四 现有研究成果的评述 ……………………………………… (20)

　第三节 研究方法、研究内容与技术路线 ……………………… (21)

　　一 研究方法 …………………………………………………… (21)

　　二 主要研究内容 ……………………………………………… (22)

　　三 技术路线 …………………………………………………… (23)

　第四节 创新之处 ………………………………………………… (24)

第二章 相关基础理论概述 …………………………………… (26)

　第一节 金融发展理论 …………………………………………… (26)

　　一 金融结构论 ………………………………………………… (26)

　　二 金融深化论与金融抑制论 ………………………………… (27)

　　三 内生金融理论 ……………………………………………… (29)

　　四 金融功能论 ………………………………………………… (31)

第二节　系统科学基本理论 …………………………………… (32)
　　　　一　系统科学理论的基本内容 ………………………………… (32)
　　　　二　系统科学理论的主要分析方法 …………………………… (36)
　　第三节　系统耦合理论 ………………………………………… (39)
　　　　一　耦合、系统耦合、耦合系统的含义 ……………………… (39)
　　　　二　系统耦合理论的主要内容 ………………………………… (41)
　　第四节　本章小结 ……………………………………………… (43)

第三章　风电产业与金融业耦合系统分析 …………………… (44)
　　第一节　相关概念界定 ………………………………………… (44)
　　　　一　风电产业概念与特征 ……………………………………… (44)
　　　　二　金融业概念与特征 ………………………………………… (48)
　　第二节　风电产业与金融业耦合的三维度效应分析 ………… (50)
　　　　一　风电产业与金融业耦合的交互效应 ……………………… (50)
　　　　二　风电产业与金融业耦合的互补效应 ……………………… (51)
　　　　三　风电产业与金融业耦合的价值增值效应 ………………… (52)
　　第三节　风电产业与金融业耦合系统的内涵与基本特征分析 …… (55)
　　　　一　风电产业与金融业耦合系统的内涵 ……………………… (55)
　　　　二　风电产业与金融业耦合系统的边界 ……………………… (57)
　　　　三　风电产业与金融业耦合系统的环境 ……………………… (59)
　　　　四　风电产业与金融业耦合系统的特性 ……………………… (61)
　　第四节　风电产业与金融业耦合系统的框架分析 …………… (64)
　　　　一　风电产业与金融业耦合系统的要素 ……………………… (64)
　　　　二　风电产业与金融业耦合系统的子系统构成 ……………… (66)
　　　　三　风电产业与金融业耦合系统的基本结构框架 …………… (67)
　　第五节　本章小结 ……………………………………………… (69)

第四章　风电产业与金融业耦合系统机理分析 ……………… (70)
　　第一节　风电产业与金融业耦合系统的动力机制分析 ……… (70)
　　　　一　风电产业与金融业耦合系统的外在动力机制 …………… (70)

二　风电产业与金融业耦合系统的内在动力机制 …………… (72)
　第二节　风电产业与金融业耦合系统的耗散性分析 …………… (76)
　　一　风电产业与金融业耦合系统耗散结构特征分析 ………… (77)
　　二　风电产业与金融业耦合系统的失稳机制分析 …………… (84)
　　三　风电产业与金融业耦合系统的涨落分析 ………………… (89)
　第三节　风电产业与金融业耦合系统的熵变分析 ……………… (94)
　　一　风电产业与金融业耦合系统的熵流分析 ………………… (94)
　　二　风电产业与金融业耦合系统的熵与熵变 ………………… (98)
　　三　风电产业与金融业耦合系统的熵变阶段分析 ………… (104)
　第四节　本章小结 ……………………………………………… (108)

第五章　风电产业与金融业耦合系统的"SD－协调度"
　　　　　评价模型构建 ……………………………………… (110)
　第一节　系统评价目的与评价模型设计 ……………………… (110)
　　一　系统评价目的 …………………………………………… (110)
　　二　"SD－协调度"评价模型 ……………………………… (110)
　第二节　风电产业与金融业耦合系统的SD模型构建 ………… (112)
　　一　系统动力学概述 ………………………………………… (112)
　　二　风电产业与金融业耦合系统因果关系分析 …………… (115)
　　三　风电产业与金融业耦合系统SD模型流图与参数设定 … (120)
　　四　风电产业与金融业耦合系统SD模型检验 …………… (126)
　第三节　风电产业与金融业耦合系统协调度模型构建 ……… (129)
　　一　耦合系统评价与测度模型梳理 ………………………… (129)
　　二　风电产业与金融业耦合系统的耦合测度模型 ………… (133)
　　三　风电产业与金融业耦合系统的耦合协调度模型 ……… (135)
　　四　协调度评价指标体系构建与权重设定 ………………… (137)
　第四节　本章小结 ……………………………………………… (140)

第六章　风电产业与金融业耦合系统评价与政策情景仿真 ……… (141)
　第一节　风电产业与金融业耦合系统评价 …………………… (141)

一　风电产业与金融业耦合系统的历史评价 …………… (141)
　　二　风电产业与金融业耦合系统的评价预测 …………… (146)
第二节　风电产业与金融业耦合系统协调发展的多政策情景
　　　　仿真 ………………………………………………………… (150)
　　一　设计思路与决策变量选取 ………………………………… (151)
　　二　多政策情景方案设计 ……………………………………… (152)
　　三　政策仿真结果分析 ………………………………………… (153)
第三节　风电产业与金融业耦合系统协调发展的多政策方案
　　　　筛选 ………………………………………………………… (160)
　　一　风电产业与金融业耦合系统协调发展的多政策
　　　　方案对比 ………………………………………………… (161)
　　二　风电产业与金融业耦合系统协调发展的最优政策
　　　　方案选择 ………………………………………………… (162)
第四节　本章小结 …………………………………………………… (163)

**第七章　促进中国风电产业与金融业耦合系统协调发展的
　　　　　对策建议** ……………………………………………… (164)
第一节　逐步降低财政补贴，创新风电产业市场化融资
　　　　模式 ………………………………………………………… (164)
　　一　减少国家风电补贴，建立完善的电力市场机制 ………… (164)
　　二　鼓励金融创新，推动与风电产业相关的金融产品
　　　　开发 ………………………………………………………… (165)
第二节　拓宽风电产业与金融业耦合的渠道来源 ………………… (166)
　　一　完善金融服务，扩大银行业对风电产业的金融支持 …… (166)
　　二　完善资本市场，实现风电产业金融支持的多元化 ……… (167)
　　三　提高系统开放度，促进风电产业投资主体多元化 ……… (168)
第三节　健全风电产业与金融业耦合系统协调发展的外界
　　　　保障环境 …………………………………………………… (169)
　　一　完善风电产业与金融业耦合系统协调发展的
　　　　政策环境 ………………………………………………… (169)

二　完善风电产业与金融业耦合系统协调发展的
　　　　社会环境 ………………………………………………（170）
第四节　本章小结 ……………………………………………（172）

第八章　结论与展望 ………………………………………………（173）
第一节　主要研究结论 ………………………………………（173）
　　一　提出了风电产业与金融业耦合的三维度效应 …………（173）
　　二　分析了风电产业与金融业耦合系统 ……………………（174）
　　三　解析了风电产业与金融业耦合系统的机理 ……………（174）
　　四　构建了风电产业与金融业耦合系统的"SD－协调度"
　　　　评价模型 …………………………………………………（175）
　　五　对风电产业与金融业耦合系统进行了多政策情景
　　　　仿真 ………………………………………………………（175）
　　六　提出了促进中国风电产业与金融业耦合系统协调发展的
　　　　对策建议 …………………………………………………（175）
第二节　未来研究展望 ………………………………………（175）

参考文献 ……………………………………………………………（177）

第 一 章

绪　　论

第一节　问题提出

一　研究背景

现代社会正面临着日益严重的化石能源短缺和环境污染问题，开发可持续发展的清洁能源已经成为全人类的共识。与传统能源相比，风能是一种广泛分布、清洁、永续的新能源，其有效的利用可以缓解对不可再生化石能源的依赖，也可以解决传统能源发电所带来的碳排放等环境污染问题。而且从技术开发的角度来看，风力发电已经是全世界公认的具有大规模开发价值的可在生能源利用技术之一。因此，风电产业得到了各国决策部门、投融资机构、技术研发机构以及项目开发商等的广泛关注和青睐，已经成为全球新能源开发战略的重要组成部分。

中国风能资源丰富，技术上可开发的风能资源总量达到了26亿千瓦，位居世界前列。较高的风能资源总量使得风电产业成为中国新能源产业发展的主力军，同时得到了中国政府的高度重视，相继出台了一系列促进风电产业发展的政策法规，包括强化风电领域的技术创新、培育风电市场、深化国际合作、加大财税和金融政策的支持力度等产业发展扶持政策。在丰富的风能开发资源和较强的政策支持措施的共同保障和推动下，中国风电产业发展迅速，截至2017年，新增风电装机容量为1966万千瓦，累计装机容量达到了1.88亿千瓦，位居世界首位。

随着中国风电产业规模的不断扩大，追加投资的需求使得其对资金的需求迅速上升，而政府投资、财政补贴、内源性融资、银行信贷融资等传统的融资方式在融资规模和融资方向上都有较大的限制，其并不能满足风电产业快速发展对金融资源的需求，难以形成规模化的产业资本。同时，因为风电产业自身具有投资规模大、风险相对较高的特点，使得其资金获取能力较弱，难以获得大力度的金融支持。

在金融危机的阴霾下，全球经济放缓，国内外能源需求大幅度下降，风电产业也进入了长时间的调整期。加之中国风电产业存在技术水平与国外差距较大、产能过剩问题严重、"弃风"限电现状还没有得到有效解决等一系列问题，使得中国风电产业的增速开始放缓。2016年，中国（除台湾地区外）新增装机容量同比下降了24%。

这些发展问题使得国内多数银行都开始对风电企业实行信贷紧缩政策，银行信贷难度的增大迫使风电企业转而以"脱媒"的方式进行高息融资，这又大大提高了风电企业的资金成本。另外，多数中小型风电零部件制造企业和风电设备制造企业因为在产业链上的谈判能力较弱，又存在为产业链下游风电工程项目垫资的情况，而造成了企业的流动资金困难，大部分企业失去了技术创新和设备改造升级的再投资能力，严重影响了风电产业的发展。同时，国际风电厂商因为中国风电设备制造业的崛起而感受到了威胁，利用国际贸易机制对中国风电设备支持政策提出了异议。面对国际上的质疑，中国政府主动对一些政策进行了调整，取消了对国内风力发电设备企业的补贴政策。补贴政策的取消对风电产业的影响也不可忽视。在这种内外双重的压力和困境下，中国急需有效提高金融业对风电产业发展的支持效率，以及金融资源在风电产业发展中的高效配置。但目前中国对风电产业发展的金融资源供给不论在时间、空间的配置上，还是在直接和间接融资结构的配置上，都与风电产业发展的金融需求存在不协调的问题。

风电产业与金融业之间能否形成良性互动，对改善中国风电产业金融需求与金融供给之间的错配问题，促进风电产业与金融业的协调发展显得至关重要。从系统的观点来构建风电产业与金融业耦合系统，并理清耦合系统的内在运行与发展机理，找出优化风电产业与金融业耦合系统协调发展的改善政策,就可以更好地激发出"整体大于部分之和"的系统特性,实现风电产业与金融业耦合的"价值增值"效应。

二 研究意义

(一) 理论意义

风电产业作为技术最成熟、最具规模开发和商业开发前景的可再生能源之一,其发展已经受到了理论界和实践界的广泛关注,关于金融在风电产业发展中如何高效配置的研究也取得了较多的成果。而从系统观的视角,运用系统理论与方法对风电产业与金融业的结合进行研究的理论仍在不断的发展中。本书从系统耦合的视角出发,通过构建风电产业与金融业耦合系统,探究两者协调发展、相互促进的内在机理,尝试建立风电产业与金融业耦合系统评价模型,从而为风电产业与金融业良性互动的实践提供理论支撑。同时,对风电产业与金融业耦合系统的分析,也丰富了系统耦合理论,并为研究产业与金融的有效结合与协同发展提供了新的研究视角与分析方法。因此,本书的研究具有一定的理论意义。

(二) 现实意义

促进风电产业持续健康发展是中国加快建立清洁低碳、安全高效的现代能源体系的有效途径之一。"十三五"时期将是中国风电产业发展的关键推进期,2020年,预计风电年发电量将占到全国总发电量的6%。发挥金融对风电产业的支持作用、提高金融业服务于风电产业发展的效率对推进风电产业持续稳定发展具有重要的意义。而当前中国风电产业发展的金融供给不足、金融需求与金融供给之间不协调问题突出。在这样的约束背景下,将风电产业与金融业纳入一个整体系统中进行综合考虑,以此探究风电产业与金融业之间协调发展的机理,并从定性和定量的角度揭示中国风电产业与金融业耦合发展的现状与未来趋势,探索促进风电产业与金融业协调发展的对策建议,对激发风电产业与金融业协调发展的"价值增值"效应,促进风电产业的可持续发展,改善中国能源结构不合理,建立安全高效的能源体系,具有重要的现实意义。

第二节 国内外相关研究综述

本书从"产业发展与金融关系""系统耦合理论"和"风电产业发展相关研究"三大范畴对国内外研究现状和研究趋势做了如下综述。

一 产业发展与金融关系的相关研究

(一) 关于产业发展与金融关系的理论研究

1. 金融支持产业发展的视角

英国经济学家 Bagehot (1873) 考察了金融在促进产业资本形成中的作用,其认为金融体系可以为大型工业项目融通其所需要的资本,这一作用为英国工业革命奠定了关键的基础。诺贝尔经济学奖得主 Hicks (1969) 在其出版的《经济史理论》一书中同样考察了金融促进产业资本形成的功能对工业革命的刺激作用。Vicecte Galbis (1976) 年提出了"两部门模型"(Two - sector Model),以此阐述了金融业可以通过降低流动性成本、优化资本配置期限(促进资金从过度的短期投资向长期投资转换)和促进投资决策形成(降低投资信息的传递与收集成本)等功能来降低资本从低效部门向高效部门转移的成本,从而提高产业资本配置的效率。Leland 和 Pyle (1977) 利用提出的 L - P 模型(利兰—派尔模型),描述了金融部门在联结资金盈余部门和资金赤字部门时所独有的信息获取的规模经济优势和排他性优势。随后,Diamond (1984) 提出了"代理监督"模型,其进一步证实了金融部门作为社会资本盈余部门的代表,其在信息生产和监控上具有独有的信息生产和监控的规模经济优势。Merton 和 Bodie (1995) 首先提出了金融功能观,它从金融功能的角度研究了金融发展对经济增长的支持作用。他们基于金融中介和金融市场的功能分析,将金融的根本功能细分为六项,分别为:提供各种清算和支付结算方法;汇集资金的机制;提供在时间上、空间上和产业间转移经济资源的各种方法;管理不确定性和控制风险的各种方法;提供价格信息;处理激励问题的各种方法,其中资源配置功能是金融系统功能最为集中的体现。Levine (1997) 在此基础上提出了金融服务观,将金融的根本功能细分为五项:便利商品和服务的交易;动员和汇集储蓄;资本配置;促进风险的交易、规避、分散和汇集;事后监督投资与实施公司控制等。其认为金融体系通过这些相应服务的提供促进了经济和产业的高效发展。Rajan 和 Zingales(1998)通过分析 37 个国家 36 个产业的面板数据发现,金融发展水平的高低是决定产业规模和产业集中度的主要因素之一。Levine、Loayza 和 Beck(2000)运用广义矩估计方法对 74 个国家金融中介与经济增长之间的关系进行了实证分析,结果显示金融中介发展与经济增长之间存在正向相关关系。Fisman 和 Love(2003)认为金融市场的社会资源配置作用可以有效提高产业的相互关联性,即金融市场发展水平越高的国家,其各个产业的相互关联度就越高,各个产业的增长率关联度也越高。Wurgler(2000)对 65 个国家的制造业总投资与产业增加值在 1963—1995 年的数据进行了回归分析,研究结果表明,相对于金融市场不发达的国家,金融市场发展良好的国家中,其投资于成长性产业的资金较多,而投资于衰退产业的资金较少,即金融业的发展具有提高产业资本配置效率的作用。Banker、Cummins 和 Klumpes(2010);Pyon、Woo 和 Park(2011)均认为,国家的金融制度体系越健全,其金融服务环境越良好,对于增强金融业的竞争力和促进产业、经济与社会的共同发展具有十分重要的意义。

中国学者白钦先早在 1998 年就在以金融资源学说为基础的金融可持续发展理论中指出了金融功能主要包括资源配置功能、资金媒介功能、资产避险功能、产业结构调整功能和引导消费功能等几类主要的功能。在此基础上,白钦先(2004)将金融功能进一步细分为基础功能(服务与中介作用)、核心功能(资源配置)、扩展功能(经济调节和风险规避)和衍生功能(公司治理、信息生产与分配等),并认为金融功能的界定是研究金融与经济相互关系的中心和关键。这一分类使得金融功能的分类更加有序和具有层次性。马正兵(2004)对改革开放以来中国金融发展与第一、第二、第三产业增长之间的关系运用典型相关分析方法进行了实证分析,结果表明,金融发展与第一、第三产业增长呈现出正相关性,而与第二产业的发展呈现出负相关性。杨勇(2008)

以金融对产业发展作用的历史演进为研究基础，研讨了金融对产业发展作用的不断提升过程，并提出了促进中国金融体制和制度完善的政策建议。王翔等（2013）则对金融增长与不同省份的产业增长之间的关系进行了实证分析，结果表明，东部地区金融的专业化虽然一方面帮助产业抵御了外来冲击，但另一方面却迫使一些低效率的产业向外迁出，总体上两者呈现出负相关性。在西部地区，金融的专业化则有助于缓解产业发展的融资约束，两者具有正相关性。在中部地区，金融发展水平与产业增长呈现出正相关性，金融的专业化能够满足产业多样性发展的需求。

2. 产业促进金融发展的视角

Schumpeter（1912）最早阐述了经济发展对金融部门的作用，他认为实体经济的发展使得投资机会增加，信贷需求也随之增加，最终会刺激金融部门的发展。Goldsmith（1969）首次提出金融相关率 FIR（金融资产/GDP）指标，用于对国家金融体系规模的衡量，其通过对100多年内35个国家数据的实证研究分析，发现各国的经济增长与金融体系的规模之间呈现出正相关的关系。Robinson（1952）认为实，体经济的增长是金融部门发展的根本动力，随着实体经济的增长，实体企业会在交易过程中不断产生出新的摩擦，而消除这些摩擦有赖于新的金融工具和服务类型的出现，即"企业引导金融"。Patrick（1966）深入研究了金融发展与经济增长之间的关系，其认为经济增长与金融发展之间孰因孰果主要取决于经济发展的不同阶段。Mckinnon 和 Shaw（1973）分别从金融抑制和金融深化两个不同的角度研究了金融体系和经济发展之间的相互影响、相互促进关系，并通过大量样本数据的实证检验和考察证实了经济增长对金融部门的影响作用。King 和 Levine（1993）在系统地控制了影响经济长期增长的其他因素的情况下，通过对80个国家在1960—1989年的数据进行实证分析，发现金融中介的规模和功能的发展与经济增长之间具有很强的正相关关系。中国著名经济学家林毅夫（2005）则认为一国经济在一定发展阶段的要素禀赋结构决定着该阶段具有比较优势的产业和技术结构的性质，以及具有自生能力的企业的规模特征与风险特性，从而会形成对金融服务的特定需求，只有与产业发展需求相匹配的金融结构才是最优的,即产业发展对金融发展起到决定性的作用。

3. 产业发展与金融结合的视角

有关产业发展与金融结合视角的研究文献包括了金融与产业的协同、金融与产业的融合、金融与产业的共生等几个视角。

(1) 金融与产业协同的视角

协同学(Synergeties)是由德国物理学家哈肯教授于1980年创立的,其将协同学解释为"working togther",也就是共同工作与协同合作,其认为在一定的环境内,任何系统之间必然都存在相互合作的关系,这正是协同学关注的问题。中国学者刘志阳、苏东水(2010)研究了战略性新兴产业与第三类金融(创业金融)的协同演进和发展过程,认为两者经历了从低级协调共生到协调发展,再到极限发展,最后形成高级协调共生四个阶段的协同演进过程。徐文哲(2014)运用协同学理论阐述了物流业与金融业协同发展的必要性,并从物流金融协同发展的价值链提升和风险管理等多个角度对其进行了深入的分析。祝佳(2015)基于产业结构差异的角度分析了中国技术创新与金融支持之间的协同发展程度,其实证结果表明,中国科技创新与金融支持的协同发展程度较低,且不同产业之间的协同程度也存在差异。因此,应该分产业来提高技术创新与金融支持的协同度。

(2) 金融与产业融合的视角

金融与产业的融合发展又被称为产融结合或者产业金融,是现代金融体系趋向综合化的过程中出现的能够对特定产业发展起到促进作用的金融活动。产业金融研究的是产业与金融的相互融合、互动发展、共创价值的一个产业发展的金融整体解决方案。Gary Gereffi(1999)认为,发展产业金融,寻求金融对产业的有效支持是促进产业结构从劳动密集型的低层次向技术密集型的高层次迈进的重要过程,是促进产业结构转型和升级的有效办法。傅艳(2003)对金融与产业融合的本质基础、有效结合点、重要途径和必要条件进行了系统的理论分析,并且通过对英、美、日、德等发达国家的产融结合模式的分析,为中国金融业与产业的有效结合模式提供了相关借鉴。赵文广(2004)从微观的层面探讨了中国金融与产业融合的机制和方式,并探索了完善我国产业金融组织结构的方式。周慧(2011)基于产业低碳发展的背景,构建了面向产业低碳发展的金融服务系统,并对其传导机制进行了系统的研究,以此为基础提出了促进产业低碳发展的金融服务改善的相关政策建议。张力民(2014)以新疆农业发展为研究对象,从金融与产业融合的视角探索了新疆农业产业在金融支持条件下,农业产业聚集的机理和根源,为农业产业的发展寻找了适宜的金融支持方法。秦基财则(2014)探讨了中国产业金融发展的现状以及存在的问题,并总结了国外产业金融的发展经验,提出了适合中国产业金融发展的途径。

(3)金融与产业共生的视角

"共生"(Symbiosis)一词来源于希腊语,其最早是在1879年由德国真菌学家贝里(Anton de Bary)提出的。20世纪中叶,对共生现象的研究逐步延伸到生态、社会、经济、管理等学科领域,并成为其自身研究领域的重要指导思想。袁纯清在1998年首次将共生理论引入经济学领域,他认为共生现象不仅存在于生物界,也广泛存在于社会系统和经济系统中,并利用共生理论的思想对各国小型经济的共生模式进行了整理与分析。Anders(2002)以肯尼亚制造业的发展为例,利用共生理论分析了中小型制造企业与民间金融的共生关系,并且通过实证研究发现民间金融是对政策扭曲和金融抑制的理性响应,对中小型制造企业的发展具有较强的促进作用。谈樱佳(2008)分别从外在的共生环境与内在的运营机制两个维度对中国东南沿海地区的民间金融和民营企业的共生关系进行了分析,其认为中国民间金融与民营企业之间存在共生关系,并且指出共生关系使双方产生了共赢的效果。贾楠(2015)从金融共生的视角深入分析了互联网金融与小微企业之间共生关系的形成机理。研究结果显示,中国互联网金融与小微企业之间存在必然的共生关系。蒋缨(2016)从金融共生的视角对福建省民营金融机构与民营企业的共生能力进行了实证评价,结论认为,福建省民营金融机构与民营企业之间的共生度高、共生能力较强,但两者之间的共生模式为偏利共生和非对称互惠共生模式。

(二) 产业发展与金融关系的实证研究

马克思在《资本论》中指出："单个产业资本在循环运动的过程中，当货币资本的职能独立化以后，就发展成为借贷资本，并在市场经济中执行相应的职能，多样化金融工具的运用，在帮助产业资本实现循环的同时，逐渐演变出了一些促进某一产业发展的一系列独立的金融活动，使产业规模得以快速发展。"Low Abrahamson（1997）研究了新兴产业发展的金融支持问题，其认为新兴产业的初始资源禀赋和自我积累的能力十分有限，在产业成熟化发展的过程中，任何一个环节都需要巨大的资金投入，因而金融支持是新兴产业得以发展的基石。Da Rin M. 等（2002）对银行业发展与产业结构调整之间的关系进行了实证研究，他们认为银行业的集中虽然可以为产业发展提供更多的信贷支持，但却增加了产业发展的门槛，不利于产业结构的调整。Carlin 和 Mayer（2003）通过实证分析得出在经济发展的初期，银行垄断性越高越利于国家经济发展，但是当国家的经济发展进入技术创新带动的阶段后，银行垄断性越低将越有利于高研发投入、高技术创新投入的产业的发展。Laura Clayton 等（2006）研究了英国创意文化产业的融资情况，结果显示，多数的文化创意企业选择透支方式进行资本筹集。另外，设备租赁、权益融资、银行长期贷款、票据贴现也是创新型文化产业的主要融资渠道。Grant P. Kabango 等（2011）实证研究了信用扩张对马拉维产业结构的影响，结果显示，信贷的扩张虽然会导致产业集中度的增加和产业净收入减少，但是对于产业结构的调整却起到了推动的作用。Ozmel 等（2013）对创新型高科技企业的股权市场融资问题进行了实证研究，研究结果表明，相对于风险资本投资而言，战略性联盟融资的方式对科技型企业来说更为可行。

陈峰（1996）认为，中国产业结构的调整离不开资金的支持，同时也离不开金融中介的支持，即金融在促进产业结构调整方面具有重要的作用。傅进等（2005）提出了金融促进产业结构调整的作用路径：金融发展—影响社会储蓄量—影响资金流量的结构—影响社会生产要素的分配结构—影响资金存量的结构—促进产业结构调整。张云（2008）认为，区域金融活动主要通过对资金流量结构和资金存量结构的调整来促进经济的发展,从而优化区域生产要素的分配,进而推动区域经济的发展。董金玲(2009)认为金融服务主要通过调整存量资金在产业间的分配来促进产业结构的不断完善和优化。尹优平(2010)以山西省为例分析了中国煤炭产业的低碳发展与金融支持问题,认为应该充分发挥银行信贷和金融的融通与杠杆作用来推动煤炭产业的低碳发展。熊正德、林雪(2011)对金融支持战略性新兴产业发展的效率进行了分产业的实证分析,结果显示金融支持效率的高低与产业本身的类别、发展阶段有很大的关系。唐力维(2013)通过对产业结构优化、新兴产业发展与金融支持关系的研究,分析了如何通过金融支持来推动新兴产业的发展并最终实现产业结构的优化。徐枫、陈昭豪(2013)从宏观角度对金融支持新能源产业发展进行了实证分析,研究结果表明,在新能源产业的融资渠道中,间接融资的贡献要大于直接融资。冯琼(2014)对中国医药产业发展的金融支持问题进行了研究,并以海南省为例分析了医药产业目前的发展现状与融资现状,提出了符合海南省医药产业发展的具体的金融支持政策。

二 系统耦合理论的相关研究

(一) 系统耦合理论概述

耦合(Coupling)是一种物理现象,物理学上将"耦合"一词定义为"两个或者两个以上的体系或两种运动形式间通过相互作用而彼此影响以致联合起来的现象"。例如,在两个单摆中间连接上一根弹簧,则它们之间的振动就是相互影响的,这是物理学中单摆的耦合;两个线圈之间的互感是通过磁场的耦合产生的,这是物理学中电路的耦合。后来,耦合又被应用于软件工程领域,在软件系统中模块之间相互联系的紧密程度被称为耦合性,模块之间联系越紧密,耦合性就越强,同时其独立性就越差。模块间耦合性的高低取决于各个模块之间接口的复杂性、调用模块的方式以及通过界面传递信息的多少等。根据各个模块之间连接方式的不同,耦合的类型也不同,主要包括非直接耦合、数据耦合、印记耦合、控制耦合、外部耦合、公共耦合和内部耦合 7 种类型。综合来看,耦合度量了两个实体之间的相互作用关系。

系统耦合的概念最初来源于物理学，是指两个或两个以上性质相近的系统通过相互作用、彼此影响和融合，进而形成一个新的、具有更高一级结构与功能的统一体的状态和过程。它打破了原有子系统之间相互分割的局面，同时改变了原有系统彼此互不干扰、独立运行的状态，通过各个系统之间运行机制和功能结构的耦合生成了新的、更紧密的结构和功能，从而产生了更大的整体效应。概括地说，系统耦合度量了两个实体间的相互作用以及在各个子系统间的良性互动下，相互依赖、相互协调和相互促进的动态关联关系。而系统耦合理论则是研究耦合系统之间通过各自的耦合元素产生协调、反馈、依赖、匹配等相互作用关系进而彼此影响的现象的机理和机制的理论。随着系统科学的不断发展，近年来系统耦合理论被不断引进经济管理领域的研究中，指在一定条件的作用下，两个经济现象之间相互结合并产生作用的客观经济现象。

根据系统论的观点和特性，产业也可以看作一个系统，产业内各个相关企业就是该产业系统的子系统。那么，当产业被看作一个系统时，就不应该仅仅只注意到各个子系统，而应该从整体上注意到各个不同产业系统间的合作、竞争、协同等相互作用关系。同时，系统耦合理论又可以用来研究具有关联和相互作用的系统之间的内在机理和机制等问题。因此，对系统论和系统耦合理论的研究为从整体上系统研究风电产业与金融业耦合的问题提供了理论基础。

（二）系统耦合理论的相关应用研究

系统耦合最早是物理学上的概念，是指电路元件在产生电流时，其产生的能量会从电流输入的一侧向电流输出的一侧传送，最终产生能量间的紧密配合，通过这种相互作用，会使各方的属性都发生变化。在软件工程领域，耦合性则是对软件系统结构中各模块之间相互关联的紧密程度的一种度量。随着系统科学的不断发展，系统耦合理论后来被广泛地应用于生物、地理、气象、社会、经济、管理等众多的学科中。美国学者Weick（1976）首先将耦合理论应用到了经济社会问题的研究中，提出了松散耦合理论，用其来解释学校组织成员之间相互联系但又彼此保持独立的关系。

系统耦合理论相关应用研究中与产业系统、金融系统有关的研究主要包括：产业集群—区域经济系统的耦合、虚拟经济—实体经济系统的耦合、金融—经济系统的耦合、不同产业系统之间的耦合、产业—金融系统的耦合等等。这些已有的研究对于从不同侧面利用系统耦合理论来研究风电产业与金融业耦合系统提供了理论与方法的指导。

1. 系统耦合理论在"产业集群—区域经济系统耦合"中的应用

产业集群是现代经济发展中的一个普遍现象，因此，围绕产业集群与区域经济发展之间耦合关系的研究开始逐渐增多。李欣燃（2004）以物理学上耦合的概念构建了产业集群—区域经济耦合系统，并从区域空间耦合、目标耦合、资源要素耦合、创新体系耦合、政策制度耦合等几个方面指出了产业集群与区域经济之间的关联关系。吴勤堂（2004）以系统耦合理论为基础阐述了产业集群与区域经济的耦合机理，并以此提出了适应于产业集群战略与区域经济发展耦合的对策建议。郭金喜（2007）以系统耦合理论为基础构建了传统产业集群升级模型，并以此探讨了产业集群系统中产业升级的路径依赖与蝴蝶效应的耦合关系。王琦等（2008）以物理学中的耦合概念为基础，构建了产业集群—区域经济空间耦合系统，并结合耦合系统协调度评价模型对产业集群—区域经济空间耦合系统的耦合度和耦合协调度进行了评价，并从区域经济利益的涌现、区域创新能力的涌现、区域竞争力的涌现和产权优势的涌现4个方面指出了产业集群—区域经济空间耦合系统的涌现性。梅良勇等（2011）提出了基于区域产业耦合的有效承接模式，以及区域产业集群与产业链的耦合是实现产业耦合的有效机制。

2. 系统耦合理论在"虚拟经济—实体经济系统耦合"中的应用

虚拟经济是现代市场经济中不可或缺的重要组成部分，李晓西等（2000）认为虚拟经济与实体经济之间是相对独立，但又相互依存、相互制约的关系。成思危（2003）认为实体经济是经济运行中的硬件，与实体经济相对应的虚拟经济则是经济运行中的软件，它们之间是相互依存的关系。因此，在对虚拟经济的运行与发展规律进行研究时，要重点研究虚拟经济与实体经济之间的相互作用关系。袁国敏等（2008）利用耦合理论将"虚拟经济—实体经济系统"的耦合定义为虚拟经济系统与实体经济系统之间通过各自的耦合元素所产生的相互作用进而彼此影响的现象。并以此定义为理论基础,利用灰色关联模型对中国虚拟经济与实体经济的协调性进行了定性和定量的分析。研究结果认为,实体经济与虚拟经济之间具有相互的胁迫效应,只有适度发展的虚拟经济才能更好地促进实体经济的发展。逯进等(2011)以青岛市为例,基于耦合协调度模型,对金融业效率与经济增长之间的耦合关系进行了实证分析。实证结果显示,金融业效率与经济增长之间存在稳定的耦合关系,耦合协调发展度也较高。杨凤华(2013)运用系统耦合理论对城市群经济系统内的经济子系统和金融子系统进行了深入的剖析,探索了城市群经济与金融系统耦合的基本理论及其实现机制,并且建立了城市群经济与金融系统耦合度的测评模型。孟泽龙(2015)以湖南省为例,探索了金融对区域经济发展的贡献率,并通过耦合模型的构建分析了两者之间的耦合程度,根据实证结果为湖南省金融与经济的健康发展提供了合理的政策建议。

3. 系统耦合理论在"金融—经济系统耦合"中的应用

金融与经济之间的关系一直是国内外学者的研究热点,也已经取得了较为丰硕的研究成果。但从耦合的视角对金融与经济之间关系的研究相对较少。蔡则祥等(2004)以江苏省为例,对中国县域经济与县域金融的耦合关系进行了定性和定量两个方面的研究,指出两者的耦合是指县域经济与县域金融两个系统相互影响和互动发展的现象。河北省金融学会课题组(2005)通过理论分析认识到金融与经济的协调发展是保障经济正常运行和可持续发展的基础条件,由于金融与经济之间是通过资金融通活动耦合起来的,因此可以通过货币供求关系的总量协调和结构协调来反映一个地区金融与经济协调发展的程度。谭玉成(2009)运用物理学中的耦合理论,以环渤海经济圈为研究对象,对经济圈内金融产业集聚与区域经济增长之间的耦合关系进行了实证研究,并构建了两者耦合度和耦合协调度的测算模型。模型实证结果显示,两者的耦合度已经从低耦合阶段过渡到中度耦合阶段,整体耦合度也呈现出上升的趋势。邓奇志(2011)认为实体经济系统与金融系统之间只有达到和谐与适配的良性状态，才能推动国家金融效率的提高，即实体经济系统与金融系统是相互促进和互助发展的耦合关系。同时，其利用耦合系统协调度评价模型对2000—2008年中国各区域金融—经济耦合系统的协调度进行了实证分析。

4. 系统耦合理论在"产业—产业系统耦合"中的应用

Dallas（1997）将耦合理论应用到传统产业与新兴产业之间关系的研究中，认为两者之间应该是相互交融、共同发展的关系，两者之间良性的耦合关系才是实现经济转型的最佳路径。延续其分析思路，中国学者熊勇清等（2010）对中国传统产业和战略性新兴产业两类产业间的耦合关系进行了理论分析，并对两类产业耦合发展的各个阶段和作用机制进行了具体的研究。张倩男（2013）运用容量耦合系数模型对广东省电子信息产业与纺织业之间的耦合度与耦合协调度进行了实证分析，研究结果表明，广东省电子信息产业与纺织业之间具有较强的耦合度，两者之间的耦合关系也比较稳定。藤欣（2013）对中国海陆产业耦合系统的结构、功能、发展模式以及演化机理进行了分析，并且对海陆产业耦合系统的协调度进行了实证评价研究。周叶（2014）对文化产业与旅游业之间耦合的内在机理和两大产业系统组成要素之间错综复杂的关系进行了定性分析。并在此基础上利用灰色系统理论对两者的耦合度进行了测评，测评结果表明，中国文化产业与旅游产业的耦合度已经达到了联动耦合发展的阶段。贺正楚等（2015）基于物理学中的耦合机制构建了中国生产服务业与专用设备制造业耦合发展的模型，并建立了相应的耦合发展评价指标体系，以此对中国生产服务业与专用设备制造业的耦合度进行了测算。结果显示，两者进入了耦合发展阶段，但协调度有待提升。李天芳（2016）基于产业耦合理论对中国生态农业与生态旅游业两大产业系统的耦合发展进行了研究。并以此构建了两大产业耦合的评价指标体系，利用物理学中的容量耦合系数模型对两者的耦合协调度进行了分析。研究结果表明，中国生态农业与生态旅游业的产业耦合还处在要素耦合的低度层面，应该加强两个产业间的结构、空间布局和政策制度的耦合，使两大产业的耦合度向更高的、更深层次的方面发展，以此推动中国生态产业的可持续发展。董志学（2016）对汽车产业与信息产业的发展现状、耦合模式、耦合机制进行了分析,并利用灰色关联方法、耦合评价模型、因子分析方法、层次分析方法和德尔菲法对两者的耦合程度进行了实证分析,试图从供应链、制造模式和信息管理系统三个层面对两大产业间耦合的实现路径进行分析与研究,以推动双方向更深、更宽广的领域互动发展。

5. 系统耦合理论在"产业—金融系统耦合"中的应用

为了提高金融支持实体产业发展的效率,改善产业发展与金融发展之间的关系,国内外学者开始不断尝试从系统耦合的视角来探索产业发展与金融发展之间的关联关系与耦合机理。国外学者 Ron J. Berndsen(2016)从耦合的视角分析了产业中金融资源的所有权与控制权问题,其研究认为金融资源在产业中的所有权与控制权的耦合分配与股利支付水平呈正相关性。中国学者赵友亮(2013)对环渤海经济圈金融效率与经济发展之间的耦合关系进行了研究,并构建了两者之间的耦合关系模型,用该模型测度了环渤海经济圈金融效率与经济发展的协调发展度。李乐等(2014)分析了中国中小型农业科技企业与民间金融的耦合机制,通过对其耦合机制的剖析为中国中小型农业科技企业在融资渠道的创新上提出了合理的建议。陶士贵等(2014)对中国文化产业与金融业的耦合问题进行了文献梳理,对文化产业与金融业耦合发展的意义、文化产业与金融业耦合的现状以及文化产业与金融业耦合存在的问题进行了相关文献的综述,为中国文化产业与金融业的交互发展提供了一定的参考。李惠惠(2016)以石家庄地区为例,对中国金融业与三次产业发展的耦合关系进行了研究。其分析了两者相互作用的耦合机理和耦合现状,并利用灰色关联模型对金融业与三次产业发展的耦合度进行了定量分析。分析结果显示,石家庄地区金融业与三次产业发展整体处在中度耦合阶段,两者的耦合协调度正从不协调向着协调过渡。

6. 系统耦合理论的实证研究

近年来,中国学者围绕系统耦合理论做了大量的实证研究。杨浩熊(2005)提出了利用物流信息耦合法来度量物流企业供应链上各个企业之间的耦合度,以此判断供应链企业之间信息的共享关系。殷林森(2010)

对科技与经济耦合的问题进行了研究,其利用上海市的科技经济系统的数据,使用主成分分析方法对上海市科技子系统和经济子系统之间的综合发展水平进行了评价,并以此为基础构建了复杂系统的协调度模型和协调发展模型。岳意定等(2011)运用演化博弈理论对中国涉农信贷与保险业的耦合机制进行了分析,探索了农村信贷机构和保险公司的耦合、演进与稳定机制。赵璟等(2012)利用系统动力学模型构建了中国城市群空间结构演进与经济增长耦合关系的系统动力学模型,以此模拟了3种城市空间演进与经济增长耦合关系的模式。宋德军(2013)以农业结构优化与科技创新耦合规律为基础,通过协整回归分析、VAR 模型的预测方差分解等方法来评价中国农业结构优化与科技创新的耦合与偏离。王卉彤等(2014)利用耦合理论对中国科技金融在战略性新兴产业与传统产业的互动关系中的功能定位问题进行了实证研究。实证结果显示,中国战略性新兴产业与传统产业还处在初级耦合的阶段,在此阶段,科技金融中发挥主要作用的仍然是政策性金融,即通过政策性金融发挥对两者耦合升级的引导和补充的功能。刘继兵等(2014)利用耦合理论对中国战略性新兴产业与科技金融的耦合关系进行了研究,并运用 AHP 层次分析法构建了两者的耦合度模型,以此分析了当前中国各省市科技金融结合的发展现状与问题。王邦兆等(2014)在对区域创新子系统结构分析的基础上,构建了区域创新子系统耦合度改进模型,并以此对上海市区域创新子系统的耦合度进行了实证分析。张莉等(2015)使用灰色关联分析与耦合度分析方法,对合肥市金融业与实体产业发展的耦合程度进行了实证研究,实证结果表明,合肥市金融业对实体产业发展的作用要强于实体产业发展对金融业的作用。刑苗等(2016)认为,中国金融与海洋产业结构优化之间具有相互作用和相互依存的耦合关系,并以此为基础构建了两者的耦合度和耦合协调度模型,由此对中国 11 个沿海地区金融与海洋产业结构优化的耦合度进行了测度。结果表明,总体上中国金融与海洋产业结构优化两大系统的发展态势和耦合关系呈现出向上发展的稳健趋势。张林等(2015)分析了金融发展与金融创新的耦合协调机理,并以此构建了金融发展与科技创新耦合系统的协调度评价模型,以中国 30 个省市 10 年间的面板数据为基础,对系统的耦合协调度进行了评价。闫超（2016）运用耦合理论对高技术产业发展与金融供给侧改革两个系统的耦合互动和动态演化现象进行了研究，分析了如何通过高技术产业与金融供给侧系统间的耦合作用来实现高技术产业发展的金融供需均衡机制，并且建立了耦合模型对高技术产业发展与金融供给侧系统间的耦合进行了定量的分析。李媛媛等（2017）以金融创新与房地产业耦合关系的理论为基础，构建了两者的动态耦合模型，以此测度了中国金融创新与房地产业发展的耦合态势。研究表明，两者正处在协调发展阶段，但需要防止耦合的过度偏离，即防范过度的金融创新对房地产业造成的风险。曾繁清等（2017）认为只有当金融体系与其服务的产业结构之间相适应时才能达到最优状态。他们运用物理学中的耦合协调度模型，测算了中国金融体系与产业结构之间的耦合度与耦合协调度，测算结果显示，中国金融体系与产业结构之间存在较强的互动关系，但是两者的耦合协调度并不高。影响中国金融体系与产业结构耦合协调度的因素主要包括：金融资产规模、银行与金融市场比例、国有企业比重和第二、第三产业的比重等。

三 风电产业发展与金融关系的相关研究

国内外学者对风电产业发展与金融关系的研究文献主要集中在金融对风电产业发展的支持问题上，尤其是对风电产业融资问题的研究上。

Rayn Wiser 和 Edward Kahn（1996）以美国风电行业的资本成本为研究对象，对比分析了美国风电行业的三种融资模式：项目融资、公司财务融资以及免税债务融资，并且系统地分析了这三种融资模式对风电行业资本成本所产生的影响效果。结论显示，公司财务融资和免税债务融资这两种融资模式相较于项目融资能够明显地降低风电行业的成本。John Harper 等（2007）认为恰当的融资模式是美国风电项目投资者首先需要考虑的问题，其对美国风电项目所采取的 7 种融资模式及其对美国风能平准化成本的潜在影响的对比分析，进一步指出杠杆性融资和多元化融资是美国风电项目融资的主要趋势。Aeolus power（2007）总结了英国风力发电项目的主要融资途径，主要包括合作银行借款、百福勒融资、碳金融、社区股份、节能信托基金以及正在逐渐探索的以每个家庭资产为抵押的绿色按揭贷款融资模式。Mohammed Alam Alyra（2007）对比分析了风电项目融资中的债务融资和权益融资两种融资模式在业主投资回报率、电力销售合同价格高低和对金融市场敏感性等方面的区别。在2008年经济危机之后，美国各大银行都相应提高了风险防范的意识，对申请贷款项目的要求越来越高，这也导致了美国风电项目获得银行贷款支持的机会越来越少。为解决这一问题，K. Cory（2008）以可再生能源产业为研究对象，通过对34个可再生能源产业融资模式的市场调研分析，认为应该创出一些新的融资模式，以为可再生能源产业的可持续发展提供资金保障。其中，对美国风电行业来说，商业开发融资模式将成为一种新的融资模式，其是在美国风电产业电力购买合同融资方式的基础上创新出的一种新的融资模式。David G. Mayer（2009）对比分析了风电融资租赁和风电商业借款两种融资方式在期限、结构、复杂性和会计处理等方面的特性，其认为设备融资租赁相较于商业借款将成为更适合风电项目融资的一种创新方式。Lee White（2009）认为在美国金融危机之后，可再生能源项目融资、清洁可再生能源债券和美国能源部的借款担保将成为美国可再生能源项目开发的三种新的融资方式。Emily Boyd（2009）对影响CDM机制可持续发展的因素进行了研究，认为很多国家政府只注意到了其经济效益，这将不利于CDM机制在可再生能源项目发展上的促进作用。Francois Nguyen（2010）通过量化分析风电投资者在清洁能源发展机制下的投资风险，认为清洁能源发展机制可以提高风电企业的净现值，从而保证风电投资者的利润。Peter Elsborg Obling（2010）认为丹麦风电企业在选择融资项目时可以通过估值方法来对风电项目进行评估。其认为实物期权估值模型可以更全面地对风电项目进行评估，同时也可以为风电企业的管理者提供公司战略决策意见。Masoud Hasani - Marzooni等（2011）利用系统动力学模型构建了大规模风力发电市场的长期投资决策模型，利用该模型对风电需求增长率和风力发电的不确定性进行了评估，从而使企业能够认识到对风电项目的不同投资决策可以产生不同的结果。L. Baringo等（2011）以构建的随机二层结构模型为基础，对风电场利益最大化与提高风力发电项目投资决策效率之间的关系进行了分析，认为两者之间存在正向促进关系。E. Alishahi（2012）通过构建的系统动力学模型将影响风电项目投资决策的所有因素联系起来，探讨了风力发电项目的投资激励机制。Michael Gillenwater（2013）采用蒙特卡罗方法模拟了风电项目的财务分析过程，通过选取定量估计指标实证分析了美国风电项目开发商的投资决策对市场变化的灵敏度。结果表明，市场的改变对美国风电项目开发商投资决策的影响并不大。Zahid Hussain Hulio 等（2017）对巴基斯坦风力发电的潜力进行了技术经济评估，并以此提出了促进巴基斯坦风电产业发展的相应融资策略。

国内学者对风电产业融资的现状、方式、策略等方面都有研究。张伯勇和赵秀生（2006）认为，CDM 项目融资方式作为一种新的融资选择，不仅能够带来资本收益，而且能够解决中国风电项目开发资金不足的问题。闫晓梅（2008）总结了中国风电产业主要的投融资渠道：政府直接投资、权益资本融资、长期债券资本融资以及国际机构贷款等。吴庆广（2008）通过对国内主要风电企业的融资现状的分析，认为内部融资和外部融资是中国风电企业融资的两个主要途径。刘广振（2010）对中国风电产业的投融资现状进行了研究，构建了信息不对称对风电产业融资选择的影响模型和不确定条件下非对称双头垄断竞争模型，用此模型分析说明了风电投资者的逆向选择问题和风电项目价值的评价问题。其认为政府和风电企业应该发展多种投资主体，并对风电项目投资进行严格的把关。邝小燕等（2010）认为国际贸易融资具有简便、快捷和准入门槛低等优点，因此很适合风电产业这种自身发展基础不够扎实、资金累计不够充足的新兴能源产业。何钟（2011）分析了影响金融支持风电产业效率的主要因素，包括风电定价机制不够完善、国内国际风电市场竞争激烈、风电技术薄弱和风电技术专业人才缺乏等。雷立钧等（2012）系统梳理了国内外风电产业融资的相关研究成果。孙天秀（2012）利用 SCP 范式理论与竞争力理论对中国风电产业的竞争力进行了分析，其实证结果表明，影响中国风电产业竞争力的主要因素中就包含了风电产业融资渠道过窄、风电发展多依赖政策补贴等问题。梁智超（2012）完整地对比分析了中国风电企业的不同融资途径：节能减排项目下的项目融资、商业银行贷款、项目融资、政府财政融资、资本市场融资、风电电力投资基金、企业债券融资、风机设备融资租赁和碳金融及其衍生品。并且分析了不同融资途径的优缺点，通过实际案例进行了对比验证。董朝江等（2012）从广西风电产业资金需求与融资需求两个方面入手，探讨了促进广西风电产业发展的相关投融资策略。符斌（2013）以金风科技的供应链融资方式为例探讨了促进风电产业融资的供应链融资模式。刘树青等（2014）以中国海上风电发展现状为基础，提出了海上风电的 ABS（资产证券化）融资模式，为解决风电企业的融资难题提出了一种新的融资途径。李志伟（2014）通过构建风电发电量预测模型和风电成本经济模型对比分析了含风电 CDM 项目碳减排收入和不含碳减排收入下的风电成本电价，结果显示，CDM 机制是促进中国风电产业发展的重要融资手段。张宇（2014）针对风电产业的融资困难，对国内外风电产业的融资理论进行了梳理，以此为借鉴构建了适用于中国风电产业发展实际需求的融资模式和链式融资体系。同时，系统分析了风电产业链式融资金融产品体系对实现风电企业与金融机构的双赢所起到的促进作用。赵辉等（2016）从中国风电并网难、"弃风"限电问题严重的现实问题出发，探讨了综合运用融资租赁、资产证券化等金融工具为风电产业提供融资决策的模型，为风电产业的可持续发展提供了可行性建议。周倩（2016）利用系统动力学构建了风电投资的决策模型，以此来评价风电项目的传统项目价值和项目的期权价值，从而可以从项目期权的角度来综合考虑风电项目的投资价值。

四　现有研究成果的评述

国内外学者围绕产业发展与金融关系、系统耦合理论的发展与应用以及风电产业发展与金融关系的相关问题进行了大量的研究，并从实践中对诸多成果、经验进行了总结。但是，现有文献对风电产业发展与金融关系的研究主要是从宏观政策支持的角度或者是从微观融资的角度对风电企业（风电项目）的融资模式和融资渠道进行分析，这些研究仅仅考虑了金融对风电产业发展的支持，只研究了两者之间的单向联系，忽略了风电产业与金融业之间的双向联系，没有考虑到两者之间相辅相成、相互促进的关系。所以，对风电产业与金融业相互关系的研究是一个可以探索的新视角。另外，现有研究文献中从系统耦合理论的视角对产业与金融关系的研究文献并不充分，多数都集中在定量的实证分析上，虽然贡献了很多对产业与金融间耦合度和耦合协调度进行分析与测算的模型与方法，但是相关理论的构建还不成熟。

综上所述，目前有关风电产业发展与系统耦合理论应用的研究虽然已经形成了诸多的研究成果，但并不充分，特别是从系统耦合理论的视角来分析风电产业与金融业之间相辅相成、相互促进的关系，并且通过构建风电产业与金融业耦合系统对两者之间的协调发展进行研究的文献并不多见。

第三节 研究方法、研究内容与技术路线

一 研究方法

本书主要采取理论分析与实证分析结合、规范分析与实证分析并重的研究方法，具体研究方法如下。

（一）文献调研法

通过对国内外产业发展与金融关系以及风电产业发展领域内十余年来研究文献的追踪分析，重点对系统耦合理论在产业发展领域的研究热点和实践成果予以借鉴，掌握相关基础理论和分析框架，结合中国风电产业和金融业发展的特点，为实现风电产业与金融业的协调发展提供指导意义。

（二）理论分析

本书以系统科学理论为依据，对风电产业与金融业耦合系统的内涵、边界、环境、特性、要素、子系统以及基本结构关系进行了系统、全面的分析。以此了解了风电产业与金融业耦合系统的内在特性与基本构成框架，为后续的实证分析奠定了基础。

(三) 规范分析

本书在耗散结构理论的基础上，通过对风电产业与金融业耦合系统的耗散结构特征、系统的失稳机制以及系统涨落的分析，探索了其不断寻求更高层次有序结构的内在发展机理。通过数理刻画风电产业与金融业耦合系统过程中的熵变，剖析了风电产业与金融业耦合系统不断寻求系统熵减的运行与发展的内在规律。

(四) 实证分析

本书结合系统动力学模型与耦合系统协调度评价模型构建了对风电产业与金融业耦合系统进行评价的"SD－协调度"综合评价模型，以此对风电产业与金融业耦合系统进行了评价，进而对风电产业与金融业耦合系统进行了多政策仿真。通过对仿真结果的分析，筛选出了促进中国风电产业与金融业耦合系统协调发展的最优政策方案。

二 主要研究内容

本书以系统耦合理论为研究视角，以中国风电产业和金融业的良性互动为研究目标，构建了风电产业与金融业耦合系统，揭示了耦合系统的内在运行与发展的系统机理，并对耦合系统进行了评价与政策仿真。遵循以上研究思路，本书主要分为七章，具体安排如下。

第一章为绪论。本章主要说明本书的研究背景、目的与意义，结合国内外相关研究文献综述，重点介绍本书的研究思路、研究方法、研究内容、技术路线和主要创新点。

第二章为相关基础理论概述。本章主要从金融发展理论、系统科学理论和系统耦合理论三个方面，围绕研究主题进行了相关理论梳理，从而为后续研究奠定理论分析基础。

第三章为风电产业与金融业耦合系统分析。本章对风电产业与金融业的概念及特征、耦合、耦合系统的含义进行了界定，以此为基础提出了风电产业与金融业耦合的交互效应、互补效应和价值增值效应。进而从系统科学的角度对构建的风电产业与金融业耦合系统进行了系统的分析，包括对系统内涵、边界、环境、特性、系统要素、子系统以及系统基本结构关系的分析。

第四章为风电产业与金融业耦合系统机理分析。本章在上一章对风电产业与金融业耦合系统分析的基础上，利用耗散结构理论与熵理论进一步探讨了风电产业与金融业耦合系统的机理。明确了风电产业与金融业耦合系统发展的动力机制、耗散结构特征、系统失稳机制、系统熵流、熵变以及主要的发展阶段，以此对风电产业与金融业耦合系统进行了更为深入的理论分析。

第五章为风电产业与金融业耦合系统的"SD-协调度"评价模型构建。本章以系统动力学模型和耦合系统协调度评价模型为基础，构建了风电产业与金融业耦合系统的综合评价模型——"SD-协调度"评价模型。

第六章为风电产业与金融业耦合系统评价与政策情景仿真。本章以构建的风电产业与金融业耦合系统的"SD-协调度"综合评价模型对风电产业与金融业耦合系统进行了评价。并运用系统动力学模型对风电产业与金融业耦合系统进行了多政策情景仿真，通过对仿真结果的分析，筛选出了有利于促进风电产业与金融业耦合系统协调发展的最优政策方案。

第七章为促进中国风电产业与金融业耦合系统协调发展的对策建议。本章以前述理论分析、定性分析以及筛选出的促进中国风电产业与金融业耦合系统协调发展的最优政策方案为基础，分别从逐步降低财政补贴，落实风电产业市场化融资模式；拓宽中国风电产业与金融业耦合的渠道来源和健全中国风电产业与金融业耦合系统协调发展的外界保障环境三个方面对促进风电产业与金融业耦合系统的协调发展提出了政策建议。

第八章为结论与展望。对本书相关研究结论进行概括，并提出下一步的努力方向。

三　技术路线

本书按照"提出问题—分析问题—解决问题"的研究步骤展开，具体技术路线如图1-1所示。

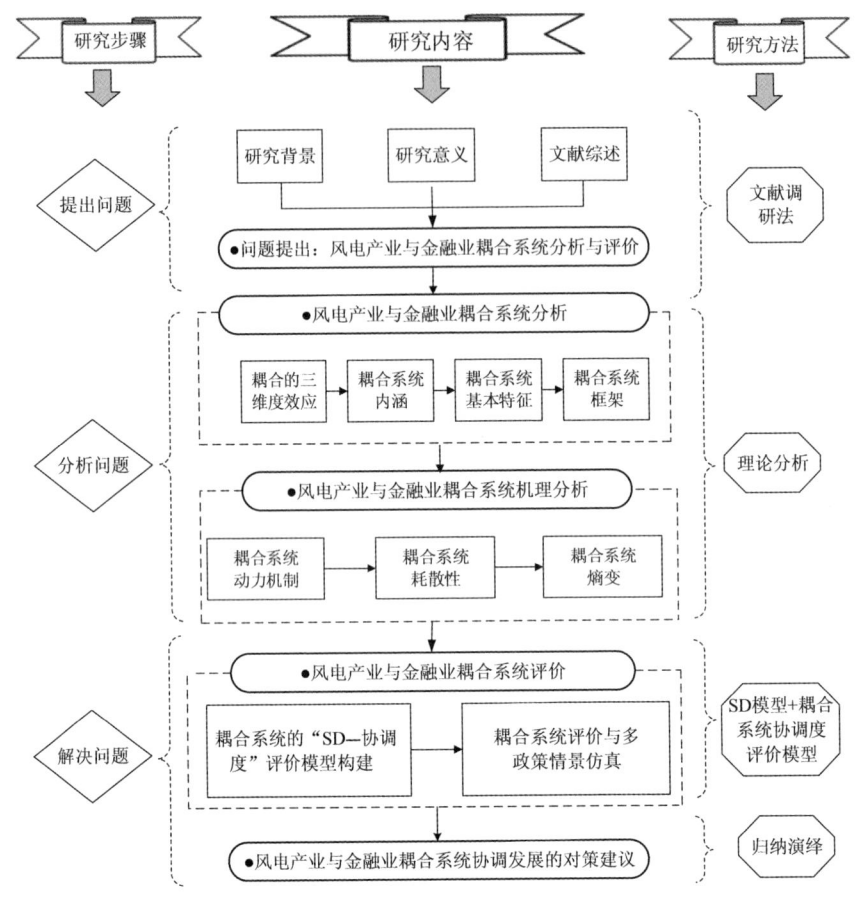

图 1-1 技术路线图

第四节 创新之处

本书从系统耦合的视角出发,以中国风电产业与金融业的良性互动为研究目标,构建了风电产业与金融业耦合系统,并对耦合系统的基本结构、机理进行了分析,进而对耦合系统进行了评价与政策仿真。本书的主要创新和突破如下所示。

第一,将系统动力学模型与耦合系统协调度评价模型进行结合,构建了风电产业与金融业耦合系统的"SD-协调度"评价模型，并以此对风电产业与金融业耦合系统进行了评价。系统动力学模型具有推算与预测的功能，可以通过指标的输出对系统的未来发展趋势进行预测。但是系统动力学模型无法对系统的耦合度与耦合协调度等指标进行测算，为了全面反映出风电产业与金融业耦合系统的发展状态与发展趋势，本书借助了耦合系统协调度评价模型，对构建的风电产业与金融业耦合系统SD模型的输出指标进行了进一步的系统耦合度与协调度测算。不同模型方法的综合应用旨在利用模型各自的优势对风电产业与金融业耦合系统进行全面的评价。

第二，从耗散结构理论的角度剖析了风电产业与金融业耦合系统的耗散结构特征和失稳机制，认为风电产业与金融业耦合系统是一个不断寻求更高层次有序结构的典型耗散结构系统，在系统达到失稳状态时，涨落会促使风电产业与金融业耦合系统产生一种更优的耗散结构突变，从而促进系统协调、有序发展；进而从系统熵变的角度揭示了风电产业与金融业耦合系统不断寻求系统熵减的内在运行与发展的系统机理。

第三，提出了风电产业与金融业耦合的三维度效应，认为风电产业与金融业的耦合从最初的融通资金、中间的资源整合，到最终实现价值增值的过程中会产生三个层次的耦合效应，分别是以实现风电企业资金融通为基础的交互效应、以实现风电产业与金融业资源有效配置为基础的互补效应和最终实现风电产业与金融业价值增长的价值增值效应。

第 二 章

相关基础理论概述

第一节　金融发展理论

系统研究金融与经济增长关系的理论被统称为金融发展理论。根据不同的思想流派和研究视角，金融发展理论大致可以分为：金融结构论、金融深化与金融抑制论和内生金融发展理论。其中内生金融发展理论又可以分为金融中介与金融市场的内生形成理论和金融功能论。

一　金融结构论

随着现代金融制度在资本主义国家的广泛建立，经济生活中涉及的金融工具和金融机构越来越多，各个国家的金融机构与金融工具在相对规模、经营特征和经营方式上都存在差异，并且各个国家金融中介机构中各种分支机构的集中化程度以及各种金融机构的相对规模随时间变化的方式也存在差异。为了探究这种差异形成的原因以及这种差异与经济发展之间的关系，美国经济学家 Goldsmith（1969）在《金融结构与金融发展》一书中，首次提出了金融结构的概念，开创了金融发展理论研究的基本范式。Goldsmith 的主要观点如下。

（1）金融结构是一国金融工具和金融机构的形式、性质及其相对规模的综合。金融工具是指"对其他经济单位的债权凭证和所有权凭证"，金融机构则是"一种主要由资产与负债金融工具组成的企业"。

（2）提出了能定量分析金融结构的八个指标：第一是金融相关率（FIR），即某时点的金融资产总额与国民财富总和的比例；第二是不同金融工具余额占总金融工具余额的比重和主要经济部门中金融资产的分布状况；第三是金融资产总额与各类金融工具余额在各个经济部门之间及其子部门之间的分布；第四是各类金融机构的金融资产占所有金融机构资产总和的比重；第五是所有金融资产存量总和中由金融机构持有的比例；第六是从金融工具种类与金融工具不同经济部门的分布两个维度刻画的金融工具持有者与发行者之间的关系；第七是上述所有指标的流量变化；第八是以资金来源与运用报表为工具，分析各部门与子部门的资金来源与运用在形式上与合作者之间的关系，以此来确定各部门的资金是来自于内部积累还是外部融资，并且进一步确定外部融资中有多少是来自金融机构的。

（3）通过对35个国家长达百年的统计资料的定性和定量分析发现，虽然各国的金融结构和经济发展水平不尽相同，但是在金融相关率和金融结构的变化上都呈现出一定的规律性。

（4）根据上述八个指标，将各国的金融结构大致分为三大类：第一类是金融相关率很低、债权融资比重远超股权融资、金融机构以商业银行为主的金融结构，该金融结构标志着金融发展处于初级阶段；第二类的金融结构虽然是以商业银行为主，但政府和政府控制的金融机构却发挥着极大的作用；第三类金融结构的特征是金融相关率高、债权融资稍大于股权融资比重、金融机构的多元化十分明显，这类金融结构标志着金融发展处于高级阶段。

二 金融深化论与金融抑制论

西方主流货币金融理论的研究对象一度曾是那些市场机制相对完善、金融体系比较发达和金融产品非常丰富的西方市场经济国家，而忽略了大部分发展中国家。另外，传统的经济发展理论多是从资本积累、人口增长和技术进步的角度去谈论其同长期经济发展之间的关系，而对货币金融因素与经济发展之间的关系研究相对较少。这一状况在1973年发生了改变。美国斯坦福大学的经济学教授Mckinnon（1973）和他的同事Shaw（1973）分别在《经济发展中的货币与资本》和《经济发展中的金融深化》中从金融抑制和金融深化两个不同的角度研究了发展中国家的金融发展问题。金融抑制是指政府因为对金融活动和金融体系的过多干预而抑制了金融的发展,而金融发展的滞后会影响经济的发展,最终造成金融的抑制与经济发展落后的恶性循环。金融深化则是指政府如果可以取消对金融活动和金融体系的过多干预,则可以形成国家金融和经济发展的良性循环。因为金融抑制和金融深化理论研究的其实是同一个问题的两个方向,并且两人得出的结论是一致的,所以西方经济学家也会将两人的金融发展模型称为"麦金农—肖模型",即著名的"M-S模型"。M-S模型论证了金融发展与经济发展之间相互制约和相互促进的关系,核心思想是主张实行金融自由化,以使实际利率通过市场机制的作用自动趋于均衡水平从而保证经济以最优的速度发展。

Mckinnon和Shaw认为金融体系和经济发展之间存在相互影响、相互促进的关系。健全的金融体系可以通过提高"储蓄—投资"的转化率来推动经济的发展。反过来,经济的发展会提高人们的金融需求和扩大社会的融资来源,以此刺激金融的发展。这是一种对经济和金融发展都至关重要的良性循环关系。但是在许多发展中国家却存在金融与经济相互抑制的问题,这会导致金融发展的停滞不前,并严重制约经济的发展,这就是"金融抑制"现象。对于存在"金融抑制"现象的发展中国家,其经济市场是极不完全的,具体表现为:(1)金融市场价格扭曲;(2)信贷管制;(3)金融市场被分割;(4)货币市场和资本市场不发达;(5)高准备金率和通货膨胀。

对发展中国家"金融抑制"的问题,Mckinnon和Shaw进一步提出了金融深化的概念。他们认为,金融深化的目的是造就一个高度发达和具有竞争性的金融体系,以加深国民财富货币化和社会资产金融化的程度,即使金融在经济中占据主导地位。金融深化的核心就是要提高实际利率水平,放开金融市场,取消那些不利于金融市场有效竞争的政府限制行为,以提高投资效率。Mckinnon和Shaw关于金融深化的主要政策主张包括:(1)放开利率;(2)鼓励银行竞争;(3)增加中小企业贷款;(4)金融改革和财政改革同步;(5)金融改革和外贸改革同步。

三 内生金融理论

在理论付诸实践的过程中,很多发展中国家发现金融自由化尝试并不如"麦金农—肖"理论认为的那么有效,即使从理论体系本身来看,"麦金农—肖"理论还存在许多需要完善的地方:第一,"麦金农—肖"理论的假设条件较为严格。例如,"麦金农—肖"理论的分析框架是建立在完全竞争市场上的,其主张的金融和外贸的完全自由化仅仅只是一种理想状态,在现实经济生活中是不存在的。第二,"麦金农—肖"理论的研究对象是以私有制为基础的发展中国家,这一理论同样适用于发达资本主义国家和具有完善公有制和健全市场机制的社会主义国家,但如果面对公有制的不完善和市场机制的不健全,"麦金农—肖"理论就受到了很大的限制。

针对"麦金农—肖"理论上的缺陷,20世纪90年代金融发展理论家在继承和发展了"麦金农—肖"理论的同时也克服了"麦金农—肖"理论上的缺陷。一方面"麦金农—肖"理论中"金融发展既对经济增长产生影响又受到经济增长的影响"的观点得到认同;另一方面,更多深层次的问题被挖掘了出来,包括金融发展的内生根源,金融体系在经济发展过程中内生形成根源以及为什么有的国家形成了有利于经济发展的金融体系,而有的国家则没有。

针对这些问题和现象,90年代的金融发展理论家在继承80年代中后期兴起的内生增长理论的重要成果基础上,将内生增长和内生金融中介体(或金融市场)并入内生增长模型,对金融中介体(或金融市场)的内生形成以及金融中介体(或金融市场)与经济增长关系等问题进行了全新的论述。这意味着,90年代的金融发展理论已经突破了"麦金农—肖"的理论框架,新的金融发展模型中考虑了更多与现实颇为接近的因素,如抛开完全竞争的假设,在模型中引入了诸如不确定性(如流动性冲击和偏好冲击)、不对称信息(逆向选择和道德风险)和监督成本之类与完全竞争相悖的因素,对金融机构和金融市场的形成做出了更为规范的解释,从而使他们的政策主张和"麦金农—肖"的理论相比更加符合各国的实际。尽管模型的复杂程度大为提高,用的数学工具也更多。因此，90年代后的金融发展理论通常被称为"内生金融发展理论"。"内生金融发展理论"从三个方面对金融发展理论进行了扩展：一是突破了"麦金农—肖"的理论范式，使其更符合实际经济情况；二是将研究对象从以发展中国家为主扩展到所有的国家；三是将金融发展与经济增长之间的关系为核心的研究扩展到了金融市场、金融机构的形成上。

金融内生理论探讨了金融体系在经济发展过程中的内生形成根源，该理论认为，因为资金在融通过程中存在不确定性和信息的不对称，这会造成资金融通的成本即金融交易成本，随着经济的发展，这种交易成本会越来越大，从而对经济产生一定程度的影响。为了降低交易成本，当经济发展到一定程度时就会内生地要求金融体系的形成与发展。

在早期的金融发展理论中，Benston George（1976）和 Fama（1980）均提出了金融中介理论中的交易成本思路。Bencivenga 和 Smith（1991）则认为"金融市场的发展状况是由法规和政府管制等外生因素决定的"。但金融市场的发展及其在金融体系中的地位的不断上升促使经济学家们将金融市场和金融中介放在同一个框架下去考察，以金融中介为参照来阐释金融市场的形成机制。金融市场内生形成的模型以 Boot 和 Thakor（1997）与 Greenwood 和 Smith（1997）的模型为代表。Boot 和 Thakor（1997）的模型表明，金融市场的形成是因为其在信息获取和信息汇总上的优势。Greenwood 和 Smith（1997）则认为，金融市场和金融中介的内生形成是因为金融市场和金融中介的运行成本或参与成本导致的。

另外，还有很多学者都利用各种模型证实了金融市场和金融中介的内生形成。Greenwood 和 Jovanovic（1990）、Saint－Paul（1992）、Zilibotti Fabrizio（1994）、Blackburn 和 Hung（1998）建立了各种各样的模型来解释金融市场和金融中介的内生形成。因为"早期的金融体系是银行主导型的"，所以20世纪90年代的内生形成模型以金融中介的形成为主。这些模型主要从不确定性、信息不对称和交易成本三个方面分析了金融中介降低交易成本的问题。Levine（1991）以及 Dutta 和 Kapur（1998）则从不确定性的角度研究了金融中介形成的原因。Bencivenga 和 Smith（1991）认为，在其提出的具有多种资产的内生增长模型中，当事人随机的（或不可预料的）流动性需求导致了金融中介的内生形成。在 Schreft

和 Smith（1997）的模型中，说明了空间分离和有限沟通导致了金融机构的形成。Allen 和 Gale（1997）把金融中介视作市场不完全条件下提供跨期平滑作用的制度机制。Bacchetta 和 Caminal（2000）在其建立的两阶段模型中，认为金融中介是因为借贷双方之间的信息不对称而产生的。Chater（2001）则认为金融中介产生的主要原因是它能降低由于投资收益不确定性而产生的风险。在 Beck、Lundberg 和 Majnoni（2006）的模型中金融中介是因为减轻代理成本和企业家的现金流动限制而产生的。

四 金融功能论

随着经济金融化的进一步深入，金融功能问题引起越来越多专家和学者的关注。Merton 和 Bodie（1995）首先提出了金融功能观，它为从功能的角度来研究金融发展问题提出了进一步的基础。他们基于金融中介和金融市场的功能分析，将金融根本功能细分为六项：提供各种清算和支付结算方法；汇集资金的机制；提供在时间上、空间上和产业间转移经济资源的各种方法；管理不确定性和控制风险的各种方法；提供价格信息；处理激励问题的各种方法，其中资源配置的单一基本功能是金融系统功能最为集中的体现。Levine（1997）则提出了金融服务观，将金融的根本功能细分为五项：便利商品和服务的交易；动员和汇集储蓄；资本配置；促进风险的交易、规避、分散和汇集；事后监督投资与实施公司控制等。Allen 和 Gale（2001）认为金融的功能主要是风险分散、信息提供、企业监控等。我国学者孙立坚（2003）认为金融体系具有六大基本功能：投融资服务、流动性供给、风险分散、价格发现、信息传递和公司治理。

中国较早研究金融功能问题的是白钦先。早在 20 世纪 80 年代中期，白钦先在《比较银行学》一书中用"总体效应"的概念强调了金融体系整体对经济与社会协调发展的适应关系，并提出了金融渗透的广泛性和它日益脱离于实体经济的独立性问题。在 1998 年白钦先在对以金融资源学说为基础的金融可持续发展理论的研究中，又指出了金融功能主要包括了资源配置功能、资金媒介功能、资产避险功能、产业结构调整功能和引导消费功能等。在此基础上，白钦先（2004）将金融功能进一步细分为基础功能（服务与中介作用）、核心功能（资源配置）、扩展功能（经济调节和风险规避）和衍生功能（公司治理、信息生产与分配等），并认为金融功能的界定是研究金融与经济相互关系的中心和关键。这使得金融功能理论更加有序和具有层次性。

总体而言，金融功能的本质含义是金融对经济发展的功效、效用、效应或者作用，它是研究金融与经济相互关系的主轴、核心与关键，金融功能的扩展与金融发展、经济发展具有极大的相关性、协同性和一致性。

第二节 系统科学基本理论

一 系统科学理论的基本内容

（一）系统与系统类型

系统科学理论的中心概念是系统，其他衍生出的概念都是为了更好地研究系统而产生的。所谓系统，现代系统研究的创立者美籍奥地利生物学家冯·贝塔朗菲（Ludwig Von Bertalanffy）将其定义为"相互作用着的若干元素的复合体"。进一步精确化，系统可以表述为：如果一个对象集合中至少有两个可以区分的对象，所有对象按照可以辨认的特有方式相互联系在一起，就称该集合为一个系统。集合中所包含的对象就是系统的组成部分（组分），而其中最小到不用再细分的组分被称为系统的元素或者要素。根据定义，系统（System）可以形式化地表示如下：

$$S = \langle A, R \rangle$$

其中，S 表示系统，A 表示系统 S 中全部元素构成的集合，R 表示系统 S 中所有元素之间关系的集合。

系统的类型是指根据研究对象和研究目的将系统集合划分成不同的子集合。一般来说，研究对象和目的不同，对系统类型的分类也不同。一般包含以下分类。

(1) 从系统内容的角度，可划分为概念系统和物质系统；

(2) 从系统复杂程度的角度，可划分为简单系统和复杂系统；

(3) 从系统与外界环境的关系来看，可划分为孤立系统、封闭系统和开放系统；

（4）从系统有无输入—输出关系的角度，可划分为控制论系统和非控制论系统；

（5）从系统的状态与时间关系的角度，可划分为静态系统和动态系统；

（6）从系统的可加性和齐次性特征的角度，可划分为线性系统和非线性系统；

（7）从系统组成要素性质的角度，可划分为自然系统、人工系统和两者相结合的人工—自然复合系统。

从系统的类型划分来看，系统是很复杂的，是多种多样：有复杂的，也有简单的；有动态的，也有非动态的；有具有反馈性的，也有不具有反馈性的。因此，采用何种研究方法对系统进行分析，需要根据不同系统的类型进行选择。

（二）系统的特性

系统论科学理论将系统的特性归纳为八个方面：整体性、层次性、开放性、目的性、稳定性、自组织性、突变性和相似性。

第一，整体性。整体性是系统最基本和最鲜明的特征之一，系统之所以被称为系统，首先就要具备整体性。系统是由若干要素组成的，这些要素一旦组成了系统整体，就具有了独立要素所不具有的性质和功能，从而表现出了整体的性质和功能。这种整体性并不等于各个要素的性质和功能的简单叠加，而应该是总和不具有而整体才具有的特性。

第二，层次性。层次性是指系统组成要素的种种差异以及结合方式上的不同使得系统在结构、功能、地位和作用上表现出的等级秩序性，这一秩序性形成了具有质的差异的系统层次。同时，系统的层次区分又是相对的，一个系统相对于它的要素和子系统被称为系统，而相对于其所属上级系统又被作子系统或者要素。

第三，开放性。开放性是系统得以向上发展的前提，也是系统通过内因和外因相互作用得以发展演化的条件。系统只有具有开放性才能不断地与外界进行物质、能量和信息的交换。系统开放得越充分，越有利于系统的生存与发展；反之，则会影响系统的发展，甚至导致系统的瓦解。

第四，目的性。目的性是指系统在一定范围内，其在与环境的相互作用中所表现出的某种趋向预先确定的一种状态。系统的目的通过系统的行为来实现，同时系统的目的又引导着系统的行为。

第五，稳定性。系统的稳定性特征可以使系统在一定范围内通过自我调节来保持和恢复原有的结构和功能，从而在稳定中求得发展。在外界作用下，开放系统具有一定的自我稳定能力，可以通过一定范围内的自我调节，从而保持和恢复原来的有序状态和原有的结构、功能。

第六，自组织性。系统的自组织性是指系统在没有外界特定干扰的情况下，仅依靠系统内部的相互作用来实现系统演化的一种过程；现实的系统都处在自发运动、自发形成组织结构和自发演化之中，系统的开放性、随机涨落的放大、竞争和协同的相互作用都对系统的自组织演化起决定性作用。

第七，突变性。突变性是系统质变的一种基本形式，是系统通过失稳从一种状态进入另一种状态的过程，它是系统质变的一种基本形式。突变的方式多种多样，也为系统的发展带来了更多的可能性，可能使系统向上发展，也可能使系统走向崩溃和退化。因此，在社会系统的演化中，应该尽量避免那些起到破坏作用的突变，而多利用那些具有建设性的涨落图标。

第八，相似性。系统的相似性则主要体现在系统的结构、功能、存在方式和演化过程中，这是一种差异的共性，是系统统一性的一种表现。如果没有系统的相似性，就没有具有普遍适应性的系统理论的存在。系统的相似性不仅体现在系统实体上，同时也体现在系统的关系意义上。但需要知道的是系统的相似性是相对的，系统的相似性实际上是在相似和差异的对立统一之中的相似性。

(三) 系统结构与功能

系统的结构（Structure）是指系统内组分及组分之间关联方式的总和，或者是系统把其元素整合为一个整体的模式的总和。系统内元素较少时，可以按照单一的方式对元素进行整合；而当系统内元素较多时，则需要通过不同子系统的划分来对不同类别的元素进行整合。对系统结构分析的重要内容就是对子系统的划分以及对各个子系统之间的关联方式的阐明。

系统的功能（Fuction）是指系统行为所引起的有利于环境中的某些事物乃至整个环境存续与发展的作用，体现的是系统与环境的关系。只有外部环境提供适当的条件和氛围才能充分发挥系统的功能，即系统的功能体现了系统与外部环境之间在物质、能量和信息上的输入与输出关系。如图2-1所示，系统输入与输出时与外部介质的相互作用就是系统的功能。系统的功能不是部分的功能之和，而是具有部分及其总和所没有的新的功能。

图2-1 系统与外部环境的相互作用关系

（四）系统的环境与边界

系统的环境（Environment）是指一个系统之外的一切与其具有相互关联的事物所构成的集合。系统的环境可以形式化地表现为：

$$E_s = \{x | x \in S 且与 S 具有不可忽略的联系\}$$

上述表示形式表明，系统的环境是一个相对的概念，不同的研究目的下，对系统环境的划分也会不同。

系统的边界（Boundary）是指将系统与环境分开的东西。系统的边界明确了系统与环境、系统内部与系统外部的差别。和系统的环境一样，系统边界的划分也具有相对性，其是以研究的具体对象为基础，而研究对象之外与其具有千丝万缕联系的事物就是系统的环境，而将研究对象与环境区分开来的所有点的集合就是系统的边界。

（五）系统的演化

系统的演化（Evolution）是指系统的结构、状态、特性、行为和功能等随时间的推移而发生的变化。只要在足够大的时间区间内，任何系统都处在或快或慢的演化中。系统的演化具有两种基本方式：一是系统从一种结构状态向另一种结构状态的转变；二是系统从无到有，从不成熟到成熟，再从有到无的整个过程。系统的演化也包含了两个方向：一个是由低级到高级、从简单到复杂的演化；另一个是由高级到低级、从复杂到简单的演化。

系统演化的动力也是研究系统演化的主要内容之一。系统演化的动力有来自系统内部的，也有来自于系统外部的，一般来说，系统的演化是在系统内部动力与系统外部动力共同推动下进行的。

（六）系统演化的自组织

系统的组织是系统的一种特殊演化过程，是系统有序度增加产生质变的过程。系统的组织过程包括了自组织和他组织两类。因为在市场经济中，生产和经济活动并不能被随心所欲地进行改造，必须要符合经济发展和产业周期变动的规律，这就使得产业和经济系统都处在自组织的状态，因此，在研究经济和产业系统时引入系统的自组织理论很有必要。在自组织理论中，主要包括普里高津的耗散结构理论和哈肯的协同学。

耗散结构理论是比利时物理学家普里高津创立的，将处在自组织状态的系统从原先相对无序、较高对称性的组织结构，通过自发的对称性破坏而实现相对有序、较低对称性的组织结构，定义为耗散结构。同时，他还指出系统要形成耗散结构必须满足四个条件：一是系统具有开放性；二是系统是远离平衡态的；三是系统的子系统之间具有非线性的相互作用；四是系统具有涨落现象。

德国物理学家哈肯为了进一步探索支配系统自组织过程中的普遍原理，在1977年创立了协同学。协同学认为系统的自组织现象主要来源于系统内部各要素、各子系统之间的协同作用，子系统之间如果可以协调、合作运动，系统会自发走向有序的状态；反之，系统会趋于瓦解。

二　系统科学理论的主要分析方法

自从美籍奥地利生物学家冯·贝塔朗菲创立"一般系统论"以来，系统科学理论已经形成了一套包括多种理论在内的综合性学科体系，这些理论主要包括：系统论、运筹学、控制论、信息论、耗散结构理论、协同学、突变理论和混沌理论等。具体的学科体系结构如图2-2所示。

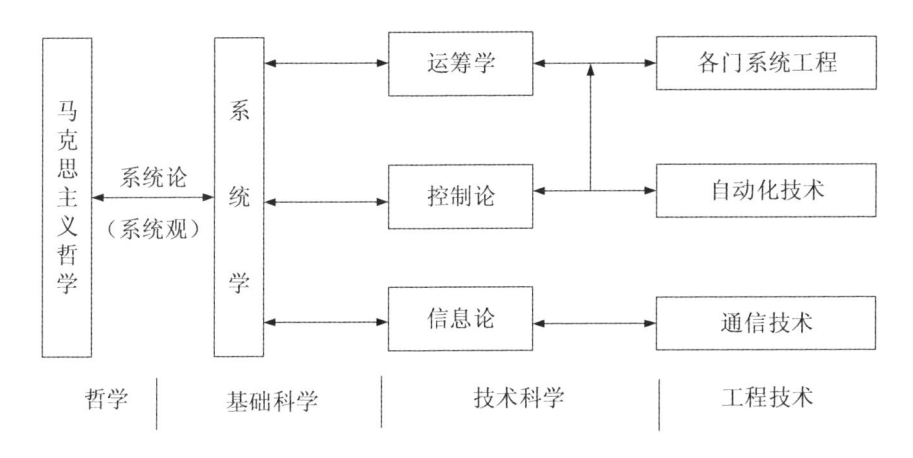

```
马克思主义哲学 ─ 系统论(系统观) ─ 系统学 ─ 运筹学 ─ 各门系统工程
                                    ─ 控制论 ─ 自动化技术
                                    ─ 信息论 ─ 通信技术
  哲学    |   基础科学    |   技术科学   |   工程技术
```

图 2-2　系统科学体系结构

系统的分析方法是指从系统的观点来认识和处理事物的方法，或者是把研究对象作为系统来认识和处理的方法。这些方法可以是定性的，也可以是定量的；可以是数学的，也可以是非数学的；可以是精确的、也可以是模糊的。具体来说，主要的系统分析方法包括如下几个方面。

（一）还原论与整体论相结合

还原论帮助我们了解系统的元素层次和局部的精细结构，而整体论帮助我们从整体上把握事物和解决问题。只有通过还原论与整体论的结合才能对系统从部分到整体有一个全面的分析。例如，当我们需要研究系统的内部元素和结构时，可以利用还原论将整体系统分解为部分来了解；当我们需要研究系统的发展与演化时，则需要利用整体论来了解系统的整体性。

（二）定性描述与定量描述相结合

对任何系统的分析都应该从定性和定量两个方面入手。定性描述是定量描述的基础，对系统定性认识不够，定量描述再精确也是徒劳。同时，定量描述为定性描述提供了更深刻和更精确的验证。

（三）局部描述与整体描述相结合

对一个系统的描述需要同时把握住这个系统的局部与整体两个方面。在系统的整体观下建立对系统的局部描述，综合所有的局部描述建立起对系统整体的描述,这是系统研究的基本方法。

(四)系统分析与系统综合相结合

要了解一个系统,可以从三个方面入手:一是弄清系统的构成组分;二是确定系统中元素与组分间的相互关联关系;三是对系统所处的环境进行分析。这些就是系统分析的内容。而系统综合需要解决的问题是由系统的局部认识获得系统的整体认识。

(五)模型构建方法

通过对系统模型的构建可以有效地把握住系统的主要特性,同时也是对系统原型的简化,力求通过构建模型了解需要研究的问题的同时,便于实际的操作。

主要的模型构建方法包括数学模型和基于计算机的模型。数学模型是指对系统内元素之间、子系统之间以及系统与环境之间相互作用的数学表达式。例如,在分析系统的演化时,除了定性的描述外,还可以通过动力学方程、微分方程和差分方程来对系统演化进行更为精确的表述。

计算机模型是指将系统内部各个组分之间的相互作用关系提炼为若干简单的行为规则,并通过计算机程序表示出来,再利用计算机强大的运算功能对系统的行为进行观察与预测。系统动力学就是通过计算机建立的系统仿真模型,通过仿真来模拟系统的演化,从而预测系统的未来走向。

总的来说,系统论是根据系统的性质、关系以及结构,把研究对象有机组织起来,构成模型,研究系统的功能和行为,着重从整体上去揭示系统内部各要素之间以及系统与外部环境之间的多样联系、关系、结构和功能。从系统的角度分析问题,要求决策者从整体的角度来全面地认识其所研究的问题,同时要充分考虑各个子系统之间的相互作用关系,进行动态的分析,也需要详尽地研究环境对于系统整体所产生的影响。一般而言,从系统的角度来分析问题可以简化问题的复杂度,从而对复杂问题进行有效的管理,最终实现既定的管理目标。

系统科学理论作为一种理论与方法,要求从系统与要素之间、要素与要素之间以及系统与外部环境之间的相互联系和相互作用中去对研究对象做整体分析,注重系统的开放性、动态性和协同性,可以为认识、调控和改造系统提供整体的最优方案。这种分析和解决问题的方法为研究风电产业与金融业耦合系统的结构、演化和有序发展提供了有益思路。

根据系统论的观点和特性，风电产业与金融业耦合系统实质上是风电产业系统与金融业系统通过相互的关联作用耦合而成的一个更大的产业系统，但它并不是风电产业系统与金融业系统简单的加和，也不是原系统量的增大，而是具有新质的更高层次的系统。这个新的系统在功能和结构上都发生了相应的变化，会激发系统内部诸多潜能的释放，但系统生产能力提高的程度还取决于新系统结构的合理性和对所处环境的适应性。只有系统结构与环境条件相互协调、相互激发才能激发耦合后新系统的综合效应。因此，更应该借助系统科学的相关理论对系统进行科学管理。

第三节　系统耦合理论

一　耦合、系统耦合、耦合系统的含义

（一）耦合的含义

耦合（Coupling）是一种物理现象，物理学上将"耦合"一词定义为"两个或者两个以上的体系或两种运动形式间通过相互作用而彼此影响以致联合起来的现象"。例如，在两个单摆中间连接上一根弹簧，则它们之间的振动就是相互影响的，这是物理学中单摆的耦合；两个线圈之间的互感是通过磁场的耦合产生的，这是物理学中电路的耦合。中国权威词典《辞海》（1999）对化学中的"耦合反应"给出了定义："两个化学反应联合后，其中一个亲和势对于零的反应可以带动另外一个亲和势小于零的反应进行反应。在反应的过程中，一个反应的产物可以参与到另一个反应中，从而改变该反应的平衡位置，甚至能使本不能进行的反应可以通过新的途径而进行。"后来，"耦合"一词又被逐渐应用到其他的学科中，在软件工程领域，软件系统中模块之间相互联系的紧密程度被称为耦合性，模块之间联系越紧密，耦合性就越强，同时其独立性就越差。模块间耦合性的高低取决于各个模块之间接口的复杂性、调用模块的方式以及通过界面传递信息的多少等。在农业系统的研究领域，"耦合"是

指两个或两个农业系统或者要素之间,通过自由能的流动而形成的紧密依存、相互促进和相互演变的关系,并以此产生正向发展的结果。近年来,"耦合"一词被不断引进到经济管理领域的研究中,其是指在一定条件的作用下,两个或两个以上具有因果关系的经济系统,通过相互作用形成一个新的整体系统的客观经济现象。表2-1对比了不同学科中"耦合"的含义。

综合来看,耦合是指两个或者两个以上的体系或两种运动形式之间通过各种相互作用而彼此影响以致联合起来的现象,或者是通过各种内在机制互为作用,形成一体化的现象。

表2-1　　　　　　　　不同学科中"耦合"的含义

学科	"耦合"的含义
物理学	两个或者两个以上的体系或两种运动形式间通过相互作用而彼此影响以致联合起来的现象
化学	两个化学反应联合后,其中一个亲和势对于零的反应可以带动另外一个亲和势小于零的反应进行反应
软件工程	系统中模块之间相互联系的紧密程度
经济管理学	是指在一定条件的作用下,两个或两个以上具有因果关系的自然或者经济系统,通过相互作用形成一个新的整体系统的客观经济现象

(二) 系统耦合的含义

系统耦合(System coupling)的概念最初来源于物理学,是指两个或两个以上性质相近的系统通过相互作用、彼此影响和融合,进而形成一个新的、具有更高一级结构与功能的统一体的状态和过程。它打破了原有子系统之间相互分割的局面,同时改变了原有系统彼此互不干扰、独立运行的状态,通过各个系统之间运行机制和功能结构的耦合生成了新的、更紧密的结构和功能,从而产生了更大的整体效应,这个效应不是原系统量的增大,而是形成了一个具有新质的较高层次的系统。概括地说，系统耦合度量了两个实体间的相互作用以及在各个子系统间的良性互动下，相互依赖、相互协调和相互促进的动态关联关系。

系统耦合理论是研究耦合系统之间通过各自的耦合元素产生协调、反馈、依赖、匹配等相互作用关系进而彼此影响的现象的机理和机制的理论。它以系统论、控制论、耗散结构理论、协同学和系统动力学等系统科学理论为基础。

（三）耦合系统的含义

耦合系统是一个较为复杂的系统，其是由若干要素以一定的结构形式联结构成的具有某种功能的有机整体，同样具有系统的一般特性。但耦合系统也具有特殊性，其是指当条件、参量适当时，它联通的两个或者两个以上的系统发生系统耦合，系统势能的延伸使得不同的系统实现结构和功能的结合，从而在原有系统的基础上产生新的高一层的系统，产生新的功能。它不是原系统量的增大，而是具有新质的、较高层次的系统。简单来说，两个或者两个以上独立同等级的系统发生耦合作用，产生系统耦合，致使原有的系统进化，从而形成一个新的系统，即耦合系统。

二 系统耦合理论的主要内容

系统耦合理论是揭示耦合系统内各个子系统（要素）间相互作用关系的重要桥梁。它包含以下几个方面的内容。

（一）控制和消除耦合系统内部相悖问题

当两个或者两个以上系统进行系统耦合时，因为产生耦合的系统之间具有物质和能量上的异质性，所以往往会出现系统相悖，导致系统耦合的不完善，成为耦合系统有序运行的障碍。但在系统相悖存在的同时也可能孕育出新的机遇，这就是在系统耦合的过程中需要充分认识和控制的问题。如果控制得当，通过系统耦合形成的新的耦合系统能够有效弥补原有系统自身运行的缺陷，并有效协调和消除彼此之间相悖的矛盾，构筑统一的协调发展目标。Friedel Juergen 认为，耦合最理想的阶段是高水平耦合阶段，这一阶段中耦合系统内部各个子系统（要素）之间实现了良性共振，整体系统也实现了高效率运行，系统可以逐步趋向新的有序结构。

（二）协调耦合系统与外部环境的适应性

系统耦合成为新的耦合系统后，其功能和结构都相应地发生了改变，这种新的改变会激发耦合系统内部诸多潜能的释放。但是系统生产能力的提高还依赖于新的结构的合理性和其与所处的外界环境的适应性。只有当系统与外界环境之间可以相互协调时，才能充分激发耦合系统功能的释放。

对于风电产业与金融业耦合系统而言，只有在与之相协调的经济环境下，才能使得风电产业与金融业相互促进，在这一相互促进的过程中，风电产业促进了金融业的创新与合作，同时也产生了多元化的金融需求，这种金融需求又倒逼金融业针对风电产业发展的金融服务方式、金融产品以至整个金融市场的创新问题进行调整，最终促进两大产业的协调发展。反之，在与之不协调的、不稳定的和不完善的经济环境下，风电产业与金融业之间本身潜在的风险可能因为两者的耦合而造成风险的传导，最终导致耦合系统的崩溃。

（三）探索耦合系统有序演化的复杂驱动力

因为耦合的关系，耦合系统内部各个子系统之间以及子系统要素之间存在多重的信息反馈环，这些反馈环相互交织会形成复杂的反馈关系网络。反馈环中既存在正反馈环也存在负反馈环，正负反馈环共同决定了系统的行为，也决定了系统演化的复杂内在动力。为了促进耦合系统可以向更高层级有序结构演化，应该弄清耦合系统中主要的反馈关系，保证耦合系统行为发展的合理性。

同时，因为耦合系统处在一定的环境之中，外界环境的变化不可避免地会影响到整个系统及其组成部分的行为。因此，为了保证系统的演化发展在一定限度内不会因为外界环境的改变而发生质变，对外界环境变动产生的驱动力作出正确的判断与选择具有重要的意义。

风电产业与金融业耦合系统内部各个子系统之间、各个要素之间存在错综复杂的相互依存和相互制约关系：不仅包括系统内部彼此间相互依存、相互制约的风电企业与金融机构之间在资金融通、资源有效共享和相关业务（产品）的创新等方面的耦合关系；还包括系统外部政策、技术和经济环境对耦合系统的干预、控制与保障，以达到耦合系统整体目标实现而产生的耦合关系。

这种复杂的系统内外部关系的存在使得对风电产业与金融业耦合系统的研究存在一定的难度。为了系统和清晰地了解耦合系统内这些复杂的关系并以此探索使系统处于耦合最优化状态的方案，可以结合系统科学理论的系统分析框架和耦合系统理论的多学科理论协作优势，从复杂系统的整体出发，对风电产业与金融业耦合系统的结构、功能和特性进行研究，从中找出系统的内在规律，并以此为基础进一步探索使得系统整体处于耦合最优化状态的措施，实现风电产业与金融业耦合系统的有序发展，从而促进中国风电产业与金融业的高效发展。因此，系统论和系统耦合理论为从整体上系统研究风电产业与金融业耦合问题提供了理论基础。

第四节　本章小结

本章主要围绕研究主题进行了相关理论梳理，从而为后续研究奠定理论分析基础。

第一，对金融发展相关理论进行了梳理，包括金融结构论、金融深化论、金融抑制论、内生金融理论以及金融功能论。旨在通过对金融发展理论脉络的梳理，探索金融发展与产业发展之间的相互作用关系以及作用原理，为后续风电产业与金融业耦合系统的建立构建一个理论框架。

第二，对系统科学理论的基本概念、主要研究分析方法的梳理及其在本书中的作用的说明，旨在为研究风电产业与金融业耦合系统的结构、演化和有序发展提供一整套系统科学的分析思路和方法。

第三，对系统耦合理论的概念、主要内容的梳理及其在本书中的作用的说明，旨在运用耦合系统理论多学科协作的优势，系统和清晰地了解风电产业与金融业耦合系统内各个组分之间复杂的关系并以此探索使系统处于耦合最优化状态的方案。

第三章

风电产业与金融业耦合系统分析

第一节 相关概念界定

一 风电产业概念与特征

（一）风电产业概念

风电产业泛指在风能资源的综合开发与利用过程中涉及的各种产业，涵盖了风电的生产与消费等环节，包括风力发电机零部件制造业、风力发电整机制造业、风电场建设与运营业、风电消费产业、科研服务业、电力系统运营维护业等生产、消费、科研服务产业。从产业链条上来讲，风电产业主要包括上游的光机电仪一体化风机制造产业（叶片—电机—控制系统），中游的风力发电产业（风电场建设与运营维护）和下游的风电消耗产业。如果不考虑下游的风电消耗环节，那么，风电产业链则主要包括了上游的风电机组零部件制造企业、中游的风电机组整机制造企业和下游的风电场建设与运营企业。如图3-1所示。

风电产业链上游为风电机组零部件制造业，由与风电机组相关的零部件的生产和制造企业组成。目前，中国从事齿轮箱、叶片、电机、轮毂、主轴和轴承等关键零部件生产的企业有10多家，而从事非主要零部件生产的企业则有千余家，大多数都是中小型企业。

风电产业链中游为风电机组整机制造业，由具备风电机组整机生产制造能力的企业组成。截至2016年末，中国已经具备大批量生产兆瓦级机组能力的风电机组整机制造企业，包括华锐风电、金风科技和东方汽轮机三家企业。这三家企业占据了风电装机容量的一半以上，是中国风

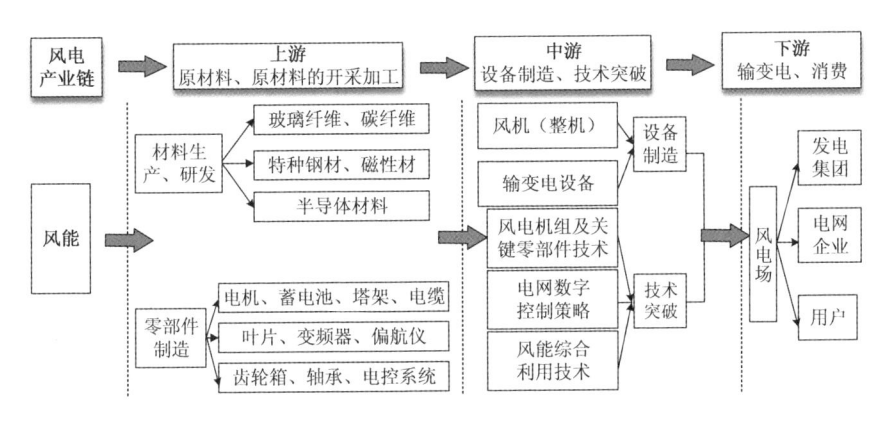

图 3-1　风电产业链模型

电产业的领跑者。中国已经具备批量生产兆瓦级机组能力的风电机组整机制造企业，包括联合动力、广东明阳、上海电气、湘电能源、华创风能、重庆海装、南车时代、远景风能、华仪风电、银星能源、运达风电等。

风电产业链下游为风电场建设与运营业，由对风电场进行前期建设以及对建成后的风电场进行运营与维护的相关企业组成。风电场是指将风能捕获并转换成电能，通过输电线路送入电网的场所，主要由发电机组、风电场道路（风力发电机旁的检修通道、变电站内外道路、风电场内道路以及风电场进出通道等）、集电线路和变电站四个部分组成。目前，中国风电场建设主要采取特许权经营方式，其中涉及的主体包括政府、项目单位和电网公司等。因为风电电力传输存在并网和调度的问题，所以对风电场建成后期进行运营与维护的企业主要集中在中央大型能源企业。

（二）风电产业特征

1. 主体异质性

中国风电企业按所有制划分可分为大型中央企业、地方国有企业、民营企业和外资企业等几种类型，虽然这些企业主体通过参与到风电产业链的不同环节中共同去促进风电产业的发展，但它们在所有制结构和企业规模上都存在较大的异质性，这些异质性的存在使得风电企业对金融的需求并不是单一的。因此，满足其发展的金融供给也应该是多样的和具有针对性的。

2. 技术密集性

风电产业从上游的设备制造到中游的整机生产再到下游的风电项目建设和运营，各个环节都具有较高的技术要求。以风电场建设为例，其开发全过程包括：风电场选址、风能资源评估、风电场内部评估及设计、建造及调试等几个主要阶段。此过程中涉及了气象学、空气动力学、机械制造、动力工程、电力系统管理、项目管理等一系列的高技术学科。因此，进行风电项目开发的企业不仅需要具备风电产业专有的技术诀窍，还需要具备丰富的实践经验。

3. 政策依赖性

风电产业作为国家节能减排工作重点开发的产业，在税收、信贷和政策导向上都获得了大量的优惠政策，正是在这些优惠政策的作用下，风电产业得以迅速发展。但这种以政策保障促发展的形式使得风电产业更容易受到政策波动的影响，如电网规划建设政策的不完善会影响风电的运输与销售，从而导致风电设备的存货上升，影响产业的发展；风电的开发需要大面积的土地资源，而风力资源丰富地区的生态往往比较脆弱，进行大面积的风机安装会对当地生态环境造成破坏性的损害，国家生态补偿措施与法规的逐渐建设与完善会造成风电场建设的融资风险；国家微小的货币和贷款紧缩政策则会影响风险投资者对风电产业的投资热情，从而减少对风电产业的资金支持。

4. 资金密集性

风电产业的投资规模较大，对资金需求较高。单个风电开发项目至少需要几个亿，甚至十几亿的投资规模。另外，一个完整的风电投资项目从风电场现场勘察论证开始到项目的并网交付，整个过程需要2—3年的时间，因此，风电投资项目筹集的资金又以长期资金为主。

5. 高收益、高风险性

风电产业具有较高的投资收益率。以风电场投资为例，风电场投资除本身可以获得稳定的发电收益外，还存在潜在的碳减排交易收益。另外，风电场的开发建设可以带动和培育风电整机及相关产品如轮毂、机架、叶片、塔筒等的制造，使风电项目收益最大化。但风电产业的发展也面临许多风险，如表3-1所示，造成风电产业发展风险的原因有很多，如技术本身的不成熟、不同技术之间的替代、新技术规模化生产过程中的财务与资本压力、产业政策的变动等等，这些都会造成风电产业发展的风险。

表3-1　　　　　　　　风电产业投资的主要风险来源

风险来源	风险类型	风险特征
技术风险	外部风险	风电技术的突破带来的不确定性； 新技术无法投入生产； 产品没有足够的潜在用户
市场风险	内/外部风险	风力发电对电力市场没有吸引力； 风力发电的消纳目标市场太小； 传统发电行业的竞争太强烈； 其他清洁能源发电的替代效应增强
管理风险	内部风险	企业家和管理团队不具备提高企业管理效率和盈利增长的技能与能力
定价风险	内/外部风险	投资者高估了企业的资产、低估了企业的负债（成本）
财务风险	内/外部风险	企业或公司的收入与利润的规模无法满足投资者的投资回报预期或者偿还债务利息的目标，即融资成本过高； 企业资产结构不合理
流动性、退出风险	外部风险	投资者难以为公司找到买家或者进行上市，即无法获得足够的资本收益以满足投资的预期收益目标
政策风险	外部风险	政策的不确定性； 政府短期政策行为； 环境保护政策趋于严格； 法律法规等制度环境并不完善

二 金融业概念与特征

(一) 金融业概念

金融业是指与经营金融商品有关的特殊行业，通常包括银行业、保险业、证券业和租赁业等行业，图3-2 [a] 显示了金融业的行业细分。金融业也泛指由各行业集合而成的经济部门，是相互联系的各行业以及连接各行业的市场集合，是由金融机构、金融商品、金融工具、金融制度、金融市场、金融中心等组成的开放产业系统。

金融业的构成要素则主要包括：金融经营组织机构、金融产品生产和流通市场以及金融监管机构等，图3-2 [b] 显示了金融业的要素细分。金融业的主体是经营货币资金及其衍生产品的经济实体，提供的产品主要是金融商品和金融中介服务，经营的媒介是货币和金融工具。因此，金融业的概念可以进一步归结为：金融活动在其运动过程中，通过构建其自身独特的价值运动系统而凝聚成统一属性的产业的集合。金融业可以通过各部门的组织和运作为产业自身的发展创造价值，在运营的过程中强调盈利性；但同时金融业又是开放的、具有推动力的产业，与其他产业保持着密切的关联，具有促进和引导其他产业的革新与发展的作用，是经济发展的启动器。

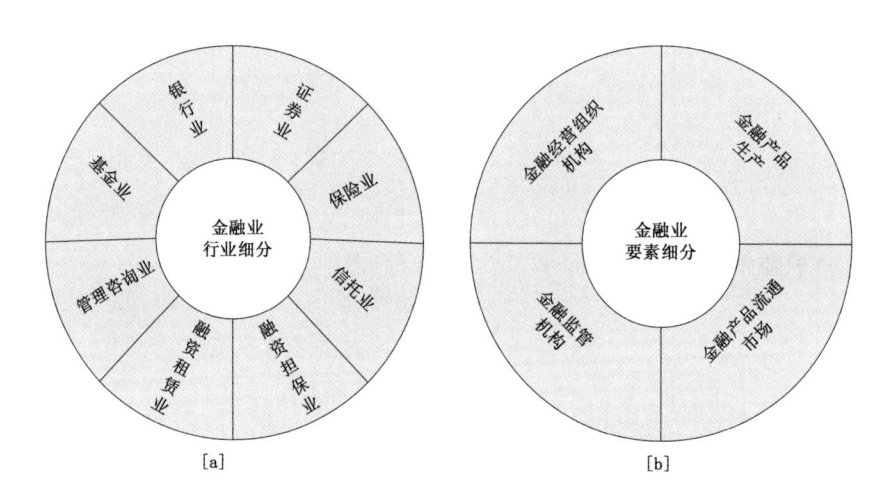

图3-2 金融业的行业细分与要素细分

(二) 金融业特征

1. 高流动性

金融业并不需要像实体产业那样经历从生产资料到生产再到流转产品这样一系列的实体生产过程。因此，金融业具有较高的流动性，而且在现代信息社会中，电子化的交易手段使得股票、期货等金融产品的买卖都可以在一瞬间完成，这也进一步提高了金融业的流动性。

2. 高风险性

随着金融业的日益深入发展，其逐渐渗透到了国民经济的各个部门，造成了实体产业与金融业之间风险的相互传导。在大量金融衍生产品出现后，金融系统变得更加的复杂，各种风险投资以及金融衍生产品的杠杆效应都放大了金融业的风险性。金融业主要的风险包括了：流动性风险、市场风险和信用风险。如表 3-2 所示。

表 3-2　　　　　　　　　　　金融业主要风险

金融业风险	风险特征
流动性风险	金融机构虽然有清偿能力，但无法及时获得充足资金或无法以合理成本及时获得充足资金以应对资产增长或支付到期债务的风险
市场风险	因为基础金融变量（如利率、汇率、股价等）的变动而使金融资产或者金融负债的市场价值发生变化的可能性
信用风险（违约风险）	指交易对手未能履行约定契约中的义务而造成经济损失的风险，即受信人不能履行还本付息的责任而使授信人的预期收益与实际收益发生偏离的可能性

3. 效益依赖性

金融业不像实体产业，其本身并不创造任何实际价值，它的发展依赖于实体产业创造的效益。因此，金融业无法离开实体产业单独发展。离开实体产业的支撑，金融业的无限膨胀将会导致灾难性的后果。

4. 高收益性

金融业逐利的本性和较高的流动性特点决定了其具有较高的收益性。也只有具有较高收益性的领域才能够吸引足够的金融资本进入，以承担起与之相伴随的较高的风险性。

第二节　风电产业与金融业耦合的三维度效应分析

通过对风电产业与金融业概念的界定以及耦合含义的认识，本书认为，风电产业与金融业的耦合是指风电产业与金融业内各自独立的经济组织因同类资源共享或异类资源互补而产生相互联系，从而进一步促进风电产业与金融业之间资源配置效率的改进，达到推动风电产业与金融业共同发展的目的。

风电产业与金融业耦合发展的过程中，金融的手段会嵌入和交织到风电产业发展的全过程中，以帮助风电产业解决其与资金相关的问题，同时，金融业也获得了相应的收益与发展。随着风电产业与金融业的部分程序和部分服务的日益充分交织，两者在耦合发展的过程中会逐渐实现资源的有效配置与整合，最终实现双方的价值增值，达到"共赢"的效果。据此，风电产业与金融业在耦合发展的过程中会产生三个不同层次和维度的耦合效应：一是实现风电产业的资金融通，产生风电产业与金融业之间的交互效应；二是实现风电产业与金融业的资源整合，促进风电产业与金融业之间资源的有效配置，产生风电产业与金融业之间的互补效应；三是实现风电产业与金融业的价值增值，产生风电产业与金融业之间的价值增值效应。

一　风电产业与金融业耦合的交互效应

风电产业与金融业耦合的交互效应是通过风电产业与金融业之间的资金需求与资金供求活动而产生的。在资金供求活动中，风电产业与金融业之间部分的程序与服务内容会交互在一起而使两者产生更多的交集，这是风电产业与金融业耦合的第一层次效应，也是基础效应。风电产业与金融业耦合交互效应的出现可以有效解决风电产业的资金融通问题，促进风电产业资金融通渠道的畅通。

中国风电产业的融资主体以风机制造的龙头企业和大中型风电场为主，融资渠道主要是以政府补贴和商业银行信贷资金为主。在风电产业发展的初级阶段，这种结构简单的融资模式起到了巨大的推动作用，满足了产业发展初期对资金的粗放和快速的需求。但是，随着中国风电产业规模不断地壮大，其领域内的企业越来越多，风电产业链也更为复杂，截至 2016 年底，中国从事大型风力发电机组整机制造的企业已达 180 多家，其中为其生产配套齿轮箱、叶片、电机、轮毂、主轴和轴承等主要零部件的大型企业只有 10 余家，其余都是以从事中间加工业务并缺少自有知识产权的中小型、民营零部件生产企业为主。中小型民营风电企业的大幅增加，随之而来的就是中小型民营风电企业的融资难问题，传统的银行信贷融资模式只能满足于风电产业内处于核心地位的大型企业，而并不适合众多中小型零部件生产企业和其他非核心企业的融资，难以对中小型零部件生产企业形成融资激励机制，阻碍了风电产业整体信息流、商流、物流、资金流的传递效率。因此，针对中小型民营风电企业的资金解决方案成为风电产业与金融业耦合发展过程中需要重点关注的问题，也是风电产业与金融业耦合系统需要实现的目标之一。

二　风电产业与金融业耦合的互补效应

风电产业与金融业耦合的互补效应是通过风电产业与金融业之间的优势互补而产生的，风电产业的新兴产业发展特性与金融业的资本与技术优势形成互补，使得风电产业与金融之间的交互活动更加协调。风电产业与金融业耦合的互补效应可以促进风电产业与金融业之间资源的有效互补与配置（包括资本的有效配置、信息的有效共享和风险的有效分散），从而增强风电产业与金融业之间的协调性。

风电产业具有融资规模大、融资周期长等特点。其发展需要大量和长期资金的支持，同时也依赖于金融业为其解决发展过程中各种与资金相关的问题。通过风电产业与金融业之间的耦合，使得风电产业与金融业之间的交互更加紧密，金融业可以利用自身在资本集中、信息收集与审查、风险分散与管理等功能与技术上的优势为风电产业解决其发展过程中的相关问题。对于具有逐利性的金融业来说，风电产业作为国家战略支持的新能源产业之一，具有较高的发展潜力与丰富的市场发展前景，进入风电领域是资本增值需求的自然驱动，在两者耦合的过程中，风电产业不仅能为金融业带来新的、更持久的利润增长点，而且可以通过对金融业提出的更多、更新的金融需求来拉动金融业规模的增加、结构的优化以及效率的提高。因此，在风电产业与金融业耦合发展的过程中，风电产业的产业发展优势与金融业的资本与技术优势相互补充、相互促进，以实现两者的价值增值。

三 风电产业与金融业耦合的价值增值效应

风电产业与金融业耦合的价值增值效应是在两者耦合的交互效应、互补效应基础上不断累积而形成的。风电产业与金融业耦合价值增值效应的出现可以实现风电产业与金融业的价值增长，达到两者的共赢。风电产业与金融业耦合的价值增值效应主要包括以下3个方面。

（一）风电产业及金融业的规模扩张

风电产业的主要活动包括了风电技术创新、风电零部件生产、风电整机生产以及风电场建设与运营等。每一个环节的开展都离不开大量资金的支持。通过风电产业与金融业的耦合发展，使得风电产业有较为充足的资金保证，促进了风能开发利用技术水平的提升以及风电场基础设施的兴建，从而带动风电产业规模的扩大。

随着风电产业的不断发展，其对提升金融业服务层次和扩大金融业服务市场的需求会越来越强烈，这种巨大的发展潜力和强烈需求的存在会为金融业发展提供新的利润增长点以及长期、稳定的利润来源，从而保障金融机构经营的安全性和流动性。风电产业的发展离不开多种产业的支持，包括与风电整机制造相关的如轮毂、机架、叶片、塔筒等产品的制造以及线材、板材、铸锻件等钢铁产品的制造，风电产业在快速发展时，也会带动这些关联产业快速发展，这种带动效应会为金融业的发展创造更大的需求空间，从而拉动金融业规模的扩张。

（二）风电企业价值链提升

随着市场竞争的不断加剧，风电企业通过单一的风电业务所能获得的利润开始不断下降。出于对提高资金运转效率、扩大销售、便利融资以及获取利润等动机，风电产业内具有较强资金实力和技术实力的大型风电企业和厂商利用自身在产业链中的优势和影响力，会主动携手金融机构，为其上下游企业提供相关的金融服务。这种针对全产业链开展金融服务的新的业务形式使得风电企业能够主动把握和控制产业链全程，从而建立长期稳定的上下游客户关系，形成独有的竞争优势。同时，在全产业链金融服务模式下，风电企业能够实时地把握上下游业主的运营情况，对风险进行评估与控制，如果预见到担保企业出现问题，可以及时采取行动，在一定程度上降低了风险。风电企业通过与金融机构的合作开展金融服务，能显著增加风电企业的利润。风电企业新增利润 P_w 主要来自于以下几个方面：

$$P_w = P_{w1} + P_{w2} + P_{w3} + P_{w4} \quad (3-1)$$

其中，P_{w1} 为风电企业开展全产业链金融服务带来的利润增长，P_{w2} 为风电企业通过对全产业链的实时把控而减少的交易成本，P_{w3} 为风电企业通过对全产业链的实时把控而降低的风险成本，P_{w4} 为稳定的客户关系所带来的利润增长。

（三）金融业价值链提升

风电产业是多产业、多领域与多技术融合的产业，其发展离不开上下游企业的支持，也离不开其他行业领域的支持。金融机构在与风电企业合作的过程中，不仅可以与合作企业建立长期的合作关系，获得长期稳定的利润回报，而且还可以通过合作企业发展更多的客户，将金融业务拓展到与合作企业关联的所有上下游企业与其他行业领域中，形成风电全产业链上资金流在金融机构内部的良性循环。其次，金融机构也可以通过对风电产业这样的新兴产业的支持来分散和转移自身发展的风险。中国的金融机构，尤其是银行业金融机构的信贷业务主要集中在传统的"高能耗、高排放"产业中，这蕴含着巨大的市场和政策风险。因此，金融机构可以借由国家政策对新能源产业发展大力支持这一契机，通过对该领域的企业提供金融支持来优化自身的信贷结构，分散或者转移金融系统存在的高风险，使金融机构的资金运营在实现盈利性的同时，也保证安全性和流动性。金融机构通过与风电企业的合作可以开创出新的盈利模式，获取新增利润。金融业新增利润 P_f 主要来自于以下几个方面。

$$P_f = P_{f1} + P_{f2} + P_{f3} \quad (3-2)$$

其中，P_{f1} 为稳定的客户关系所带来的利润增长；P_{f2} 为新增客户关系所带来的利润增长；P_β 为风险降低所减少的风险成本。

图 3-3 的三维结构图清晰地展示了风电产业与金融业耦合的三维度效应。在风电产业的发展过程中，涉及了风电技术创新、风电设备制造、风电项目投资与风电项目运营等多个阶段，任何阶段都离不开大量资金的支持，都需要依赖于金融业为其解决与资金相关的问题。此外，金融业还会利用自身的专业优势为风电产业提供相应的金融服务（包括信息

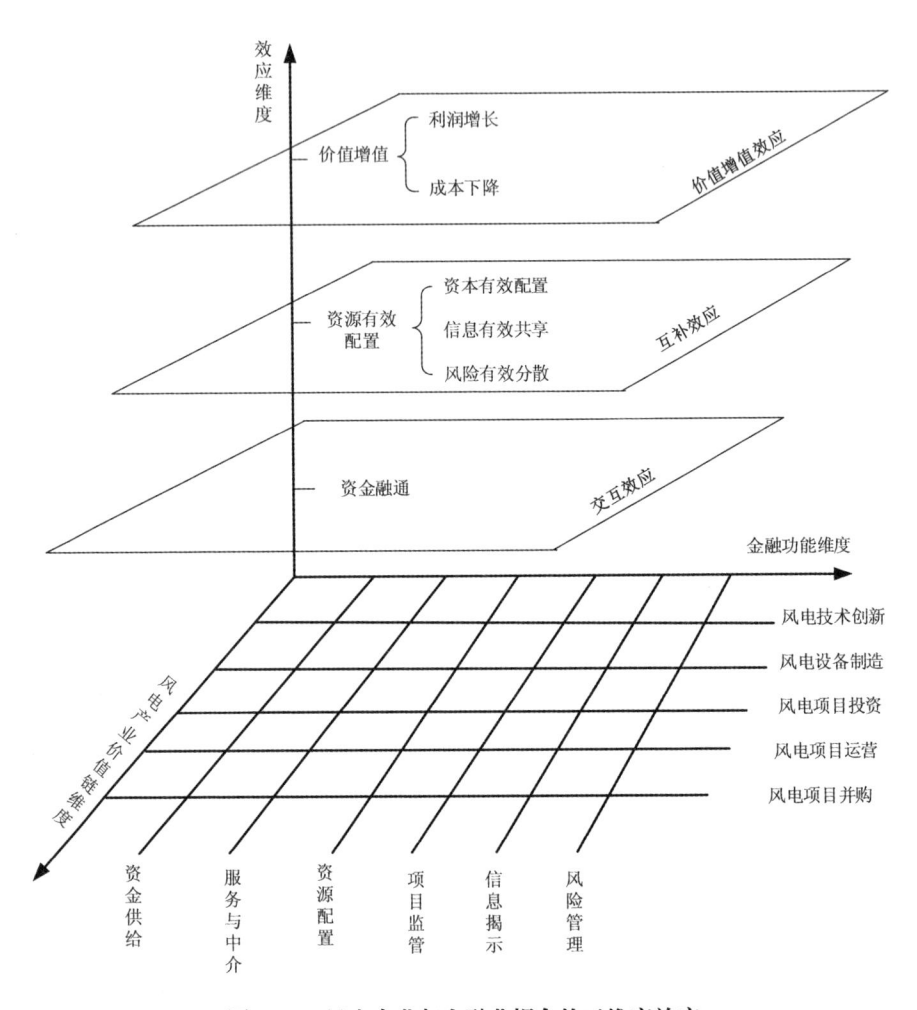

图 3-3　风电产业与金融业耦合的三维度效应

揭示、项目监管、风险管理等)。随着风电产业价值的不断提高,其也为金融业创造了更多的需求并带来了更多的利润。图3-3中,风电产业价值链各个环节与金融的各个功能之间通过相互交织、相互协调的作用过程形成了以资金融通为基础的交互效应,进而产生风电产业与金融业之间资源有效配置(包括资本有效配置、信息有效共享和风险有效分散)的互补效应,最终达到风电产业与金融业价值增值的效应。

第三节 风电产业与金融业耦合系统的内涵与基本特征分析

风电产业与金融业耦合效应的出现使得风电产业系统与金融业系统之间打破了原有相互分割的局面,两个系统之间产生了更多的程序与业务的交织,从而使得风电产业系统与金融业系统发生系统耦合,系统势能进一步延伸使得风电产业系统与金融业系统实现结构与功能的结合,进而产生新的更高一层的系统,即风电产业与金融业耦合系统。因此,风电产业与金融业耦合效应的产生是风电产业与金融业耦合系统实现的前提。

一 风电产业与金融业耦合系统的内涵

根据耦合系统的含义,本书将风电产业与金融业耦合系统定义为:在一定环境与制度约束下,由风电产业系统与金融业系统相互作用、彼此影响以致融合所构成的一个新的有机整体,这个新的有机整体打破了风电产业系统与金融业系统之间原有的相互分割的局面,同时改变了两个系统之间彼此互不干扰、独立运行的状态,这个新的耦合系统具有更紧密的结构和功能,从而产生了更大的整体效应。根据定义,风电产业与金融业耦合系统可以形式化地表示如下:

$$\text{风电产业与及金融业耦合系统} = \langle A_i, R \rangle \quad (3-3)$$

式中,A_i 为系统中全部要素所构成的集合,如要素 A_1,A_2,A_2,…,R 为要素间相互作用关系所构成的集合。根据以上定义,风电产业与金融业耦合系统包含了以下几层含义。

(一) 耦合前两个系统是独立的

参与耦合的系统应该是相互独立的，同时，两个独立的系统都具有主观能动性，即参与耦合的系统具有自组织的能力，使得耦合要素能以自然关联和信息自由流动为原则，将关联要素进行重新组合，从而打破原有系统的界限和束缚，形成系统内各个要素具有能动性的"活"的主体系统。风电产业寻求投资机会并在条件成熟时实施，金融机构负责筹集资金，并转移给有投资机会的风电企业。这种保持相对独立的专业化分工，有利于提高整个风电产业与金融业耦合系统的有效性。

(二) 两个系统之间存在关联性

耦合系统之间是存在交流和联系的，没有任何交流和关联的系统之间是无法耦合的。同时，耦合系统之间以及系统内部的要素之间也是存在相互作用和影响的，封闭的无要素流动的系统是无法形成耦合的。风电产业与金融业属于异质产业，两者之间要有一组主质参量兼容，这组主质参量之间要保持一定的关联度，而且这个关联度不应小于某一临界值，才可能发生耦合关系。现实中，金融业的主要职能是提供资金融通和金融服务，并且通过收取贷款利息和相应的服务费获得盈利，以维持金融业的持续经营和不断壮大。而风电产业发展需要从金融机构筹措资金来进行生产与再生产活动。如果两者不存在相互作用关系，风电企业的发展只能依靠自有资金，即使有新的投资机会出现，风电企业也会因为自有资金的不足而放弃投资机会和获利机会。而当两者之间存在相互作用关系时，风电产业可以从金融业获得资金支持从而进行投资并产生利润，而金融机构也会获得资金借出的利息收入，实现了利润的双赢。由此可见，风电产业与金融业之间存在相互关联性，并且这种关联度保持在较高的水平。

风电企业主要从事风力发电及相关服务的提供，其主质参量是风力发电量和提供服务的数量，最终通过风电企业的生产总值和主营业务收入来体现。而金融机构的主要功能是提供资金支持，因此，在耦合关系中，金融机构的主质参量可以用其提供资金的数量来表示。用主质参量描述的关联度 ξ^m 可以用如下公式表示。

$$\xi^m = \frac{Z_W^m}{Z_f^m} = \frac{f(Z_f^m)}{Z_f^m}(Z_f^m \neq 0) \qquad (3-4)$$

式中，Z_w^m 为风电产业的主质参量，Z_f^m 为金融业的主质参量，$f(Z_f^m)$ 表示风电产业与金融业具有的关联度，即风电产业的主质参量可以用金融业的主质参量的函数来表示。ξ^m 表示风电产业与金融业主质参量的关联度，ξ^m 越大，表示风电产业与金融业的关联度越高。

（三）耦合后的系统具有更高层次的功能

在风电产业与金融业耦合系统中，风电产业与金融业通过分工与互补合作会产生比原有系统更复杂的组织结构和更高的能量聚集，从而使耦合系统具有更高层次的结构与功能。因为耦合系统的产生，风电产业与金融业之间不再是割裂开的状态，两者在资金供求、信息共享以及风险分散上的匹配也将更加协调，这种协调性是原有的系统所不具备的。因此耦合系统通过各个子系统之间的相互协调作用会产生更高层次的系统功能和更稳定的组织结构。

二 风电产业与金融业耦合系统的边界

系统的边界是将系统与外界环境分开的界限。从空间上看，边界是把系统与外界环境分开的所有点的集合。从逻辑上看，边界是系统的形成关系从起作用到不起作用的界限，规定了系统组分之间特有的关联方式起作用的最大范围。凡系统都有边界，但有些系统的边界明确，有些系统的边界并不明确。如机械系统、行政区划、国家等系统的边界是明确的，而社会经济系统、文化系统等就难以确定其边界。对风电产业与金融业耦合系统而言，其处在社会产业大系统中，系统边界并不明确，具有较大的模糊性。根据风电产业与金融业耦合系统的内涵，风电产业与金融业耦合系统是指当条件、参量适当时，其联通的风电产业系统与金融业系统发生系统耦合，系统势能进一步延伸使得风电产业系统与金融业系统实现结构与功能的结合，进而产生出新的更高一层的系统，即风电产业与金融业耦合系统。据此，本书将风电产业与金融业耦合系统的边界界定为：以风电产业系统与金融业系统原有的边界为基础，通过两个系统的有机整合形成的新的边界。边界内的耦合系统体现了风电产业系统与金融业系统中各个企业、各个层面之间相互依赖、相互协调、相互促进的动态关联关系。风电产业与金融业耦合系统的边界具有不固定性和渗透性两个特征。

不固定性是指风电产业与金融业耦合系统的边界并不是固定不变的，而是随着风电产业与金融业的不断发展、外界保障环境的不断完善以及两者之间协调性的不断增强，风电产业系统与金融业系统中产生交互的职能与业务会越来越多，风电产业与金融业耦合系统内各个要素、各个子系统之间相互协调性也会相应提高，耦合系统的边界范围也会不断扩大，同时耦合系统的效率也会不断提高。图3-4显示了风电产业与金融业耦合系统的边界，风电产业系统与金融业系统的交互部分即为风电产业与金融业耦合系统，交互部分外围虚线的不断扩散显示了风电产业与金融业耦合系统边界范围的不断扩大。

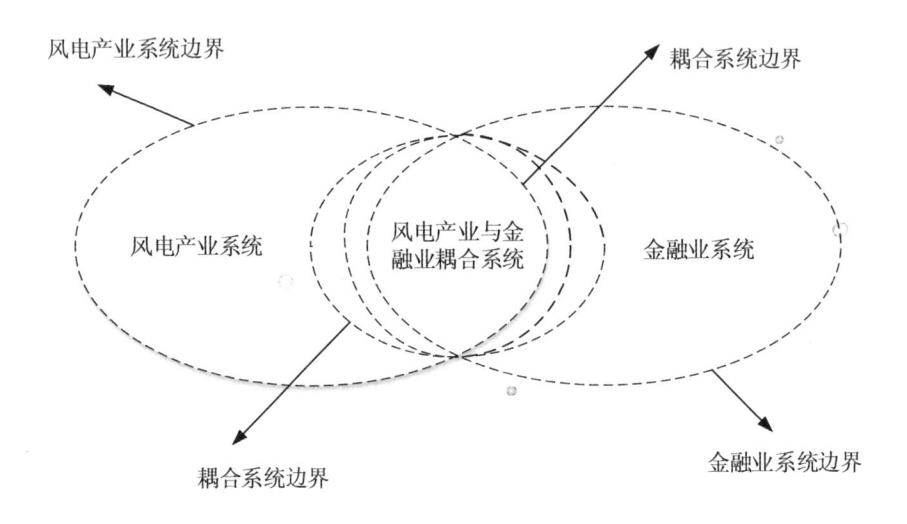

图3-4 风电产业与金融业耦合系统的边界

渗透性是指风电产业与金融业耦合系统的边界并不是封闭的，而是可以与外界环境进行物质、能量和信息交换的具有较高渗透性的开放性隔膜，其就像是一个将风电产业与金融业耦合系统与外界环境隔离开的隔膜，这也是风电产业与金融业耦合系统发展生存的重要条件。风电产业与金融业耦合系统边界的渗透性越强，其从外界获得的资本、技术以及政策保障等支持就会越多,系统可持续发展的能力就越强,稳定性和抵抗外界风险的能力也越高。

三 风电产业与金融业耦合系统的环境

系统之外与其相关联的一切事物构成的集合,被称为系统的环境。任何系统都是在一定的环境中运行与发展的,即系统的结构、状态、属性和行为都与环境有关。在不同的环境中,同样的元素会按照不同的方式整合形成新的结构,甚至元素的性质也会在不同的环境中产生不同的变化。一般来说,系统环境的变化以及系统与环境的相互关联、相互作用方式的变化,都会在不同程度上影响到系统的整体特性和功能。因此,对系统环境以及系统与环境的相互作用的分析,也是研究系统问题的重要内容。系统与其外界环境的划分是一个相对的概念,因为一个系统的环境可以看作一个更大系统的子系统,同时一个子系统又可以从一个大系统中分离开来,使大系统中其他的部分变成它的环境。因此,系统环境的划分应该根据时间、空间状态中所研究的问题的范围和目标来划分。风电产业与金融业耦合系统环境的划分应该从对耦合系统产生约束的外部条件以及对耦合系统目标实现会产生重要影响的一些方面去考虑。按此标准,本书认为风电产业与金融业耦合系统的环境包括:自然资源环境、政策环境、社会经济环境以及科学技术环境。图3-5显示了风电产业与金融业耦合系统的环境。

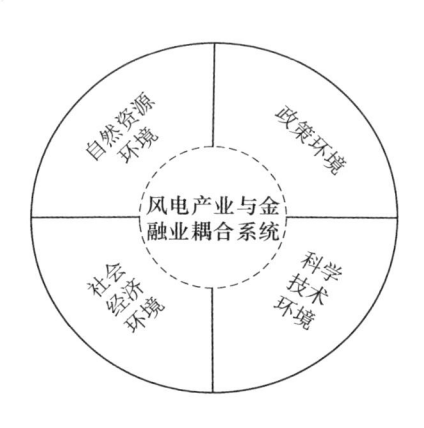

图3-5 风电产业与金融业耦合系统环境

自然资源环境是指直接影响到风电产业所在地风能开发利用量和风电企业收益率的风能资源水平。而风电企业的收益率直接关系到其与金融业的相互合作与联系，从而对耦合系统的发展产生约束。同时，随着自然环境中非可再生能源的减少，对风能等可再生能源的市场需求将逐渐增加，其对金融的需求也会不断提高，进而影响到整个耦合系统的发展。

政策环境是指会对风电产业发展以及其与金融业的协调互动产生影响的相关政策与制度。风电产业对政策依赖性较高，任何产业政策的波动都会对其产生较大的影响，如风电并网政策的改变会直接影响到风电产业的销售渠道；风电开发地生态补偿措施的实施会直接造成风电场建设的融资风险；国家对风电产业的补贴、税收等优惠政策也会直接影响到金融业对风电产业的投资热情；微小的货币和贷款紧缩政策同样会影响到风险投资者对风电产业的投资热情，从而减少对风电产业的资金支持等。而这些政策的变动都会对整个耦合系统目标的实现产生影响。同时，政府部门也可以通过引导创投资本、开放民间资本、提供贷款担保和风险补偿、建立与风电项目相关的政策性能源金融机构等政策导向行为来引导更多的金融资本进入风电产业与金融业耦合系统中，从而影响耦合系统的规模。

社会经济环境是指风电产业与金融业所处的社会和经济大环境，其包括社会环境与市场经济环境两个方面。风电产业与金融业耦合系统的最终目标是通过风电产业与金融业优势的互补形成双方的价值增值，但产业的发展离不开整个市场经济环境的发展水平，如果整个市场经济环境萧条，风电产业与金融业的利润率都会下降，耦合系统产生的总体能量也会减少。同时，随着社会信用环境、服务环境以及制度环境的不断完善，有利于建立一个良好的市场信用文化，从而降低风电产业与金融业耦合过程中的风险。

科学技术环境是指对风电产业与金融业发展产生影响的科学技术改变与变革。科学技术的发展是促进国民经济发展的基础手段，随着科学技术的不断发展，风能利用的技术水平会越来越高，金融业的信息化、科技化水平也会越来越高，促进风电产业与金融业耦合的相关产业金融技术也会提高，进而提高耦合系统的整体运行效率。

四　风电产业与金融业耦合系统的特性

系统特性是指系统所特有的性质，是了解一个系统的基础。风电产业与金融业耦合系统具有整体性、开放性、涌现性、目的性、自组织性、突变性和适应性等几个方面的特性。

（一）整体性

整体性是系统最基本和最鲜明的特征之一，系统之所以被称为系统，首先就要具备整体性，这种整体性并不等于各个要素的性质和功能的简单叠加，而应该是总和不具有而整体才具有的特性。在风电产业与金融业耦合系统中，风电企业与金融机构之间是相互联系、相互依赖和相互作用的，正是这种相互的分工协作才使得风电产业与金融业耦合系统具有了系统中其他部分单独发展时所不具有的功能，只有这样，才能实现风电产业与金融业耦合系统整体大于部分的效应，产生出更多的能量，共同实现价值的增值。

（二）开放性

系统的开放性是指系统总是存在于一定的环境之中，并且与作为环境的其他系统进行着物质、能量和信息的交换与互动。风电产业与金融业耦合系统的开放性主要表现在其与外界环境的资本、技术、信息以及能量的互动与交流。一方面，外界环境为风电产业与金融业耦合系统提供了有助于其协同发展的资本、技术、信息和能量。另一方面，风电产业与金融业耦合系统向外界环境输出资本、技术、新的产品和服务等，并迎合风电产业与金融业耦合系统发展的需要对环境进行改造，营造更加有利于耦合系统协调发展的环境。开放性是风电产业与金融业耦合系统赖以发展的基础，系统通过与外界的物质能量交换，能不断地使系统进行结构重组，产生新的有序的结构。还能够同化外部环境，吸收新的能量要素，使系统能自动地进行调整以适应不断变化的外界环境。

（三）涌现性

系统科学把系统在发展过程中因为系统内外因素的作用而导致系统出现了新的特性、结构和功能的现象称为系统的涌现。涌现是系统整体上性能与结构的新的飞跃,也是系统从低层次向高层次的过渡。涌现性的通俗表述就是"整体大于部分之和",其是由系统的各个组成成分之间以及系统与外界环境之间的相互作用、相互补充、相互制约而激发出来的系统整体才具有、孤立的部分及其总和所不具有的更高层次的系统特性。风电产业与金融业耦合系统的主体要素是具有主观能动性与适应性的风电企业与金融机构,风电企业与金融机构在相互合作与业务往来的过程中,可以获取双方的信息,并将这些信息进行转化形成固定的业务与产品模式,并且在此基础上还能进行业务与产品模式的进一步创新,创造出新的更适应两者协同发展的风电产业金融业务与风电产业金融产品。这种从最初的合作转化成固定的合作模式再到创新性合作模式的产生的过程,正是风电产业与金融业耦合系统不断涌现出新的特性、行为与功能的过程。因此,风电产业与金融业耦合系统的涌现性可以表述为:为了提高产业的价值,风电企业与金融机构在资金融通与业务往来的过程中,会主动接受来自对方的以及外界环境的各种反馈信息,不断优化自身产业发展的资源配置能力与产业吸引力,同时协调双方产业部门之间错综复杂的非线性关系,促使风电产业与金融业耦合系统不断地优化和提高,产生出新的、原有系统所不具有的或者低层次系统所不具有的价值增值模式的过程。

(四) 目的性

系统在与环境相互作用的过程中,在一定的范围内其发展变化所表现出的某种趋于预先确定的状态,而不受或者少受外界条件的影响的特性即为系统的目的性。系统的目的通过系统的行为来实现,同时又引导着系统的行为。风电产业与金融业耦合系统的主要目的是通过风电产业与金融业的协调发展,实现风电产业与金融业的价值增值。因此,系统内各个主体要素以及子系统都要以系统目标的实现为中心,当各个主体要素之间或者子系统中出现矛盾时,要合理协调以达到实现风电产业与金融业价值增值的目的。

(五) 自组织性

根据系统论的观点,系统自组织是指系统在内在机制的驱动下,自行从简单到复杂、从粗糙向细致方向发展,不断地提高自身的复杂度和精细度的过程。自组织现象在整个物质运动中是普遍存在的，是一种通过竞争、涨落和子系统的相互作用而结成的相对稳定的系统状态。当风电产业与金融业耦合系统与外界环境不断进行资本、技术、信息以及能量的互动与交流时，在系统内的各个子系统之间及其与外界环境之间的不断相互作用下，会使系统出现一个临界状态，这种状态会使系统再受到一点微弱刺激时发生巨大变化，出现涨落与突变现象，这会使系统打破现有的稳定状态而进入下一个更高级的状态。风电产业与金融业耦合系统内中存在资本流、信息流、技术流等诸多的要素流，同时，还存在内在和外在不同的动力机制，如政策动力机制、市场动力机制、价值动力机制等。在风电产业与金融业耦合系统中，这些流和力之间通过非线性的耦合与协同使得风电产业与金融业耦合系统的发展出现了自组织现象，从而促进了风电产业与金融业耦合系统的不断演化与发展。

（六）突变性

突变性是系统质变的一种基本形式，是系统通过失稳从一种状态进入另一种状态的过程。突变对于系统发展的重要贡献在于其使系统在发展的过程中出现了分叉，分叉使得系统的发展演化具有了多种可能性，带来了系统质变的多样性，使得系统的发展具有多种多样的态势。风电产业与金融业耦合系统在发展的过程中，会不可避免地出现各种对系统发展产生影响的涨落突变，如外界政策变动、市场经济环境的改变等，这些因素既可能成为系统向上发展的源泉，也有可能成为系统走向崩溃、走向退化的开始。认识到风电产业与金融业耦合系统发展中的突变性，就应该要注意避免那些起破坏性作用的涨落突变，而要利用那些有利于系统正常发展的具有建设性的涨落突变，使得风电产业与金融业耦合系统能保持一个逐渐向较高层次跃进的发展趋势。

（七）适应性

系统的存在与发展离不开外界环境的作用，系统不断与外界环境发生能量、物质和信息的交换，以维持自身的生存与发展。然而环境并不是一成不变的，所以系统必须具备一定适应环境变化的能力，以抵御一些不可抵抗的外界因素的变化，从而实现与环境的最佳适应状态。不论是社会经济环境的改变、政策和制度环境的变化还是风电产业与金融业合作关系的变化，风电产业与金融业耦合系统都会受到一定的制约并发生相应的改变。因此，风电产业与金融业耦合系统是一个满足产业发展需求、适应环境能力的动态系统。

第四节　风电产业与金融业耦合系统的框架分析

一　风电产业与金融业耦合系统的要素

（一）主体要素——风电企业、金融机构

在风电产业与金融业耦合关系中，风电产业的主体是与风力发电相关的各类企业，主要包括风力发电机零部件制造企业、风力发电整机制造企业、风电场建设与运营企业、电力运营维护企业等。金融业的主体则主要表现为供给主体，主要为各类金融机构。

风电企业是风电产业与金融业耦合的主体要素，因为只有风电企业才是两者耦合关系中唯一创造实际价值的主体，即风电企业带来的经济收益才是风电产业与金融业耦合发展的动力源泉。金融机构是风电产业与金融业耦合的实施主体，在两者的耦合中发挥着关键的作用。金融机构是指专门从事金融活动并为金融活动提供相关服务的各类金融机构的总和。它的主要作用是为资金的盈余方和资金的需求方提供融资和投资的工具。在风电产业与金融业的耦合过程中，金融机构的主要职能是提供资金和发放贷款，并且通过收取贷款利息和相应的服务费获得盈利，以维持金融机构的持续经营和不断壮大。而风电企业却面临融资问题，需要从金融机构筹措资金来进行产品生产和技术创新。两者之间通过某种形式的合约联结起来，利用各自的优势为耦合关系的发展做出贡献。

（二）客体要素——资本、产品（风电产业金融产品）、信息、风险

客体要素是主体要素实践活动的对象。风电产业与金融业耦合系统主体要素之间的竞争与合作主要就是围绕着资本、产品（风电产业金融产品）、信息、风险等产业资源进行的。因此，资本、产品（风电产业金融产品）、信息、风险等就是风电产业与金融业耦合系统的客体要素。目前，中国风电产业与金融业耦合系统的主体要素作用于客体要素的主要方式是资金的供求，风电企业通过金融机构获取企业持续发展的资金支

持。在这一资金融通的过程中,风电产业与金融业耦合系统的主体要素通过针对某类特定企业客户或者开发某类特定融资(投资)产品来达到双方资源的有效配置,其中就包括了对信息与风险的优化配置。

(三)外生要素——政府、科研机构

政府在风电产业与金融业的耦合中发挥着引导、调控和管理的功能,政府部门通过制定相关的发展目标以引导风电产业与金融业的发展,同时也通过政策和法规的制定去激励和监管风电产业与金融业的发展。风电产业与金融业的耦合同样也离不开政府的协调作用,政府可以根据金融与经济、产业与金融、能源替代与经济等协调发展的要求,协调风电产业与金融业中的各种资源和要素,利用经济、行政和法律的手段和渠道对两者各自的发展和耦合进行宏观调控。

科研机构是专门培养专业人才和从事专业技术研究的机构和部门,其不提供最终的产品,也不需要直接面对市场或者消费者。它主要为风电企业和金融机构提供理论、技术和人才的支持。

风电产业与金融业耦合的主体要素、客体要素和外生要素共同构成了风电产业与金融业耦合系统的要素体系,如图3-6所示。

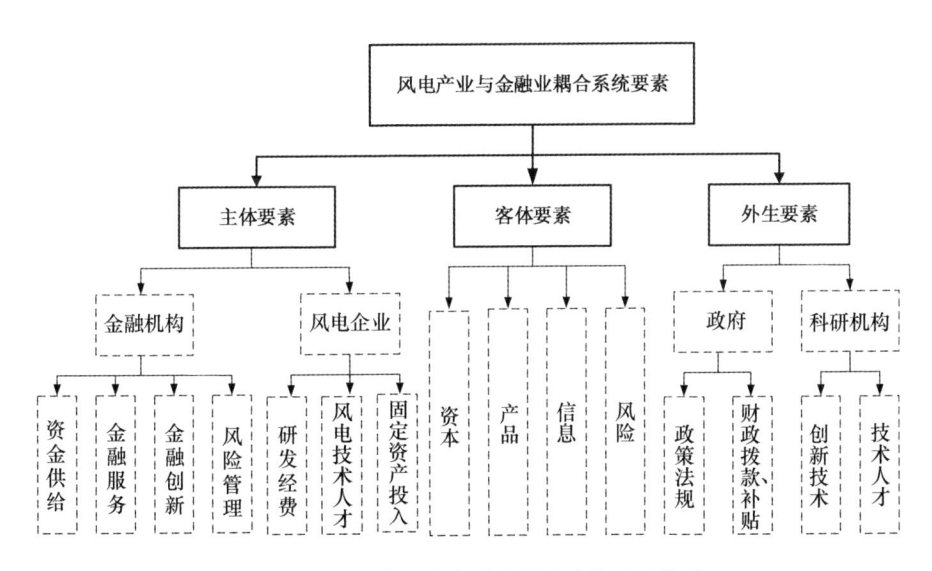

图3-6 风电产业与金融业耦合系统要素体系

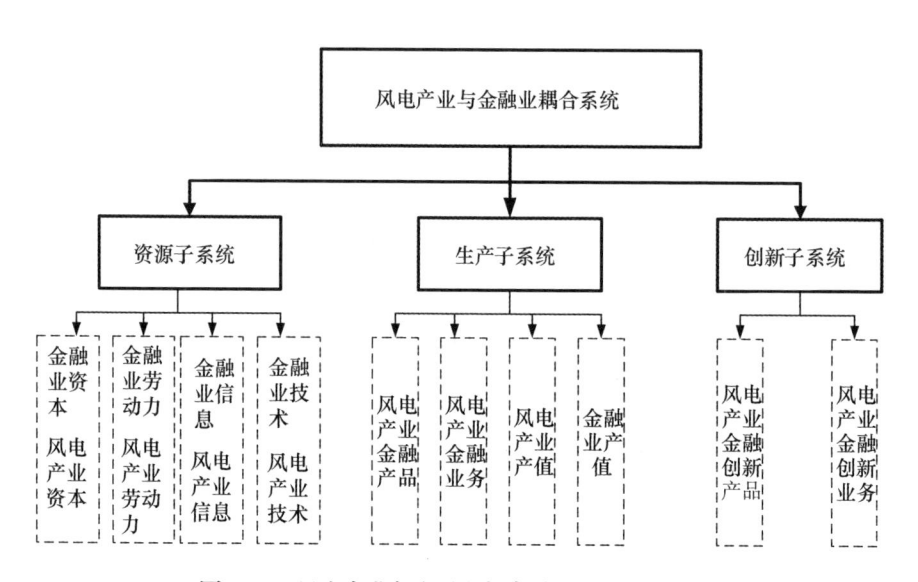

二 风电产业与金融业耦合系统的子系统构成

风电产业与金融业耦合系统的元素之间存在复杂的关联关系，为了对这些元素进行有效的整合，可以对风电产业与金融业耦合系统进行子系统划分，具有差异性的不同子系统之间的内在相关性就构成了风电产业与金融业耦合系统的统一整体，同样也是耦合系统运行的动力来源。

理论上，风电产业与金融业耦合系统可以分解为风电产业子系统与金融业子系统，但这样的分解方式会将风电产业与金融业独立开来，不足以反映两者耦合后形成的新系统的结构与特性，因此，应该从风电产业与金融业耦合系统整体上进行系统的子系统划分。

风电产业与金融业耦合系统处在社会产业系统中，具有产业系统的特性。产业系统中产品价值的实现与提升都需要经历从资源供给、产品生产到产品创新三个环节。据此，本书将风电产业与金融业耦合系统的子系统划分为：资源子系统、生产子系统以及创新子系统。风电产业与金融业耦合系统的子系统划分如图3-7所示。

图3-7 风电产业与金融业耦合系统的子系统划分

资源子系统是指为风电产业与金融业耦合系统提供基本资源支撑的

部分，其由风电产业与金融业之间产生交互关系的相关要素构成，包括风电产业的资本需求与金融业的资本供给部分、风电产业与金融业信息共享部分，同时也包括了风电产业与金融业从外部环境中获得的技术和人力等支持资源。在风电产业与金融业耦合系统中，风电企业与金融机构等主体利用资源子系统中的相关资源，出于价值增值的系统目标，结合自身发展特色，利用自身的优势，开发出相应的风电产业金融业务（产品），并通过这一过程获得产业价值的增加。

生产子系统是指风电产业与金融业耦合系统的实际产出部分，其包括了风电产业金融产品、风电产业金融业务以及由此产生的风电产业与金融业产值增加。其中，风电产业金融产品是指金融机构针对风电产业开发的具有经济价值、可以公开交易或兑现的非实物资产，如股票、风电企业债券、风电保单等。风电产业金融业务是指金融机构运用货币交易手段、融通有价物品，向参与金融活动的风电企业和顾客提供的共同受益、获得满足的活动。

创新子系统具有提升风电产业与金融业耦合系统价值的功能。其包括风电产业与金融业耦合系统中针对生产子系统中已有的风电产业金融产品、风电产业金融业务的不足，利用资源子系统中不断完善和充沛的资源，而开发出的创新型的风电产业金融产品和风电产业金融业务。这些创新型的风电产业金融产品和业务将更适应风电产业快速发展所提出的新的金融需求，同时可以降低金融业的风险性并提高其盈利性。可以说，创新子系统是风电产业与金融业耦合系统目标实现的最直接体现。

三 风电产业与金融业耦合系统的基本结构框架

在风电产业与金融业耦合系统中，各个子系统之间通过复杂的相互作用关系形成了有机的整体。

资源子系统是风电产业与金融业耦合系统的基础与核心，它为耦合系统的运行提供了基本的资源保障。风电产业与金融业耦合系统在运行的过程中，高效和充沛的要素资源是耦合系统发展的动力源泉与目标实现的基础，同时也保证了生产子系统与创新子系统的有效运行。

生产子系统是风电产业与金融业耦合系统在运行过程中的实际产出

部分，是耦合系统目标实现的基础。生产子系统是风电产业与金融业耦合系统这一开放系统能量与价值输出的有形转换环节。它的状况直接决定了风电产业与金融业耦合系统的输出水平。同时，生产子系统存在的先决条件是资源子系统，没有资源的投入，就没有产品和价值的实现。

创新子系统是风电产业与金融业耦合系统价值提升的关键。创新能力的高低直接影响到风电产业与金融业耦合系统的可持续发展。创新子系统通过创新活动可以提高资源投入的配置效率，实现资源价值的增值。同时，创新子系统创新的基础是生产子系统，生产子系统为其提供了创新的产品基础。

在风电产业与金融业耦合系统与外界环境的相互关系中，耦合系统与外界环境进行着人力流、资本流、技术流、信息流的输入与输出。同时，政策体系、市场环境与支撑体系作为外界的输入为风电产业与金融业耦合系统的有效运行提供了保障。图 3-8 显示了风电产业与金融业耦合系统的结构框架。

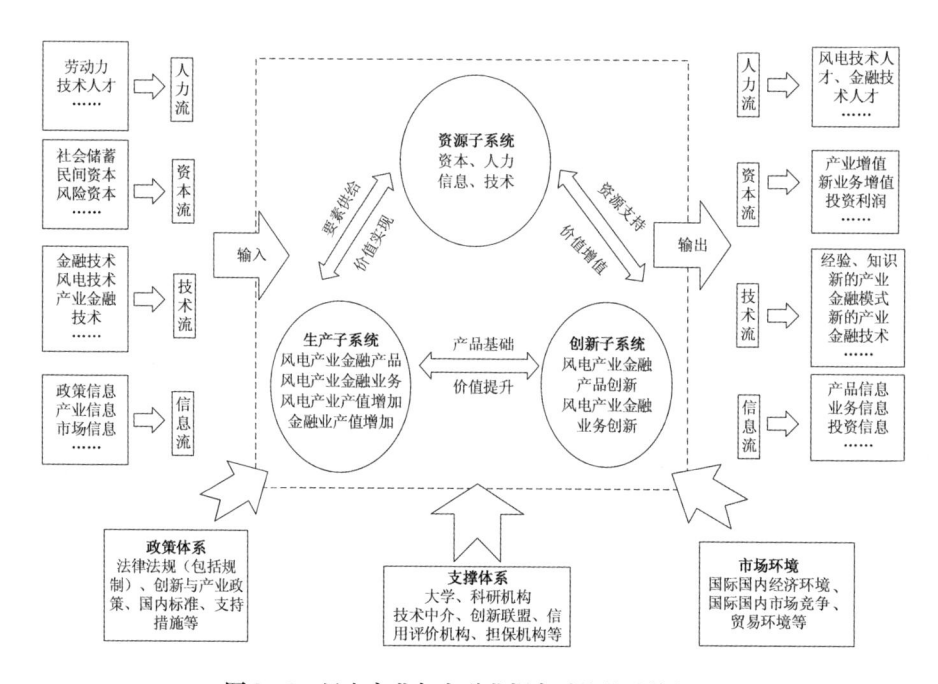

图 3-8　风电产业与金融业耦合系统的结构框架

第五节　本章小结

本章构建了风电产业与金融业耦合系统，并解析了其系统的基本特征与框架。

第一，对风电产业概念及特征、金融业概念及特征、耦合的含义、耦合系统的含义进行了界定。

第二，提出了风电产业与金融业耦合的三维度效应，认为风电产业与金融业的耦合从最初的融通资金、中间的资源整合、到最终实现价值增值的过程中会产生三个层次的耦合效应：交互效应、互补效应和价值增值效应。

第三，对风电产业与金融业耦合系统的内涵、边界、环境和基本特性进行了分析，认为风电产业与金融业耦合系统的内涵是指在一定环境与制度约束下，由风电产业系统与金融业系统相互作用、彼此影响以致融合所构成的一个新的有机整体。这个新的有机整体打破了风电产业系统与金融业系统之间原有的相互分割的局面，同时改变了两个系统之间彼此互不干扰、独立运行的状态，这个新的耦合系统具有更紧密的结构和功能，从而产生了更大的整体效应。风电产业与金融业耦合系统的边界是指以风电产业系统与金融业系统原有的边界为基础，通过两个系统的有机整合形成的新的边界。风电产业与金融业耦合系统的外部环境包括自然资源环境、政策环境、社会经济环境以及科学技术环境。风电产业与金融业耦合系统的特性包括整体性、开放性、涌现性、目的性、自组织性、突变性和适应性等几个方面。

第四，对风电产业与金融业耦合系统的基本框架进行了分析，认为风电产业与金融业耦合系统是包括资源子系统、生产子系统和创新子系统在内的，同时与外界环境进行着资本流、人力流、技术流和信息流输入与输出，并由政策体系、市场环境与支撑体系作为外界输入，为风电产业与金融业耦合系统的有效运行提供保障的系统。

第四章

风电产业与金融业耦合系统机理分析

系统的机理是指系统为实现某一特定目标，在一定的系统结构中各要素的内在工作方式以及诸要素在一定环境条件下相互联系、相互作用的运行规则和变化原理。对风电产业与金融业耦合系统机理的分析就是对其在一定环境条件下，系统内部各子系统或者各要素之间通过相互联系、相互作用，以促进其不断有序、协调运行与发展的内在规律和原理的探寻。

第一节 风电产业与金融业耦合系统的动力机制分析

风电产业与金融业耦合系统的动力机制是促进不断系统有序、协调运行与发展的动力来源，也是促进风电产业与金融业"共赢"效应产生的动力能源保障。风电产业与金融业耦合系统的动力机制包括系统内在动力机制和外在动力机制。内在动力机制是指通过系统内部各个子系统和各个要素间协调性的不断增强，来促进系统的稳定有序发展；外在动力机制则是指系统外部环境对系统稳定有序发展的作用方式。

一 风电产业与金融业耦合系统的外在动力机制

（一）市场动力机制

市场动力机制是指经济主体在对其经济利益的追求过程中形成的促动机制，这种追求是在市场经济条件下形成的。在社会主义市场经济体制下，市场对资源配置发挥着基础性的作用，这是由市场机制本身决定的。市场对资源配置基础性作用的不断加强，可以有力推动风电产业与金融业的耦合发展：一方面，金融机构具有逐利的本性，在市场力量的驱动下，它会迅速地进入高回报的领域；另一方面：在市场力量的推动下，具有发展前景的新兴产业会获得迅猛发展，必然会形成新的金融市场需求和获利机会，由此产生对金融业优化发展的诱导性力量，进而使金融业能更好地服务于自身发展。

风电产业具有较高的预期收益和广阔的市场空间，图4-1为2017—2021年风电产业利润总额预测。据图4-1中相关数据分析，2017年我国风电产业利润总额将达到220亿元；2018年风电产业利润总额将达到248亿元；预计到2021年，风电产业利润总额将达到385亿元。未来五年（2017—2021）的年均复合增长率约为15.03%。

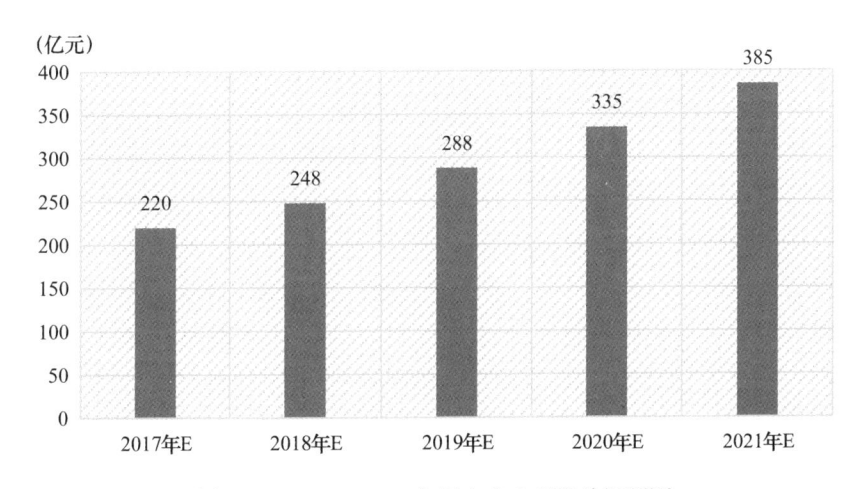

图4-1 2017—2021年风电产业利润总额预测

数据来源：《2017—2022年中国风电运维市场深度全景调研及"十三五"发展前景预测报告》。

风电产业的高预期收益会吸引金融业的进入，并对安全、准确和高效的金融服务（业务）产生巨大的需求。这种巨大的需求会促进与风电相关的金融业务与金融产品出现，从而推动风电产业与金融业耦合系统的不断稳定发展。风电产业发展的广阔市场空间还体现在风电产业具有明显的经济带动效应，可以带动和培育风电整机及其相关产品（如轮毂、机架、叶片、塔筒等）的制造，还可以提高线材、板材、铸锻件等钢铁产品的需求量，从而促进钢铁等原材料供应商的发展，这种带动效应会为金融部门创造更大的需求空间，如果风电产业，特别是风电零部件生产企业可以形成产业发展集群，往往会造成新的产业部门的涌现，这些都会提高金融部门的投资收益率，为金融部门的发展提供更广阔的市场需求空间。市场需求空间的扩大会拉动风电产业与金融业的成长，为两者的互动与协调发展提供更多的机遇。

（二）政策动力机制

政策动力机制是指国家通过特定的政策措施来促使风电产业与金融业之间的互动、匹配以至协同，从而间接推动风电产业与金融业耦合系统的协调发展。风电产业作为新兴产业之一，仅靠市场的作用并不能完全解决其发展中对资金的需求，尤其是在风电产业发展的初级阶段，其技术创新和市场建立具有较高的风险性和不确定性，这时就需要通过政策导向机制来加大金融业对风电产业发展的支持力度，国家对风电产业的财政补贴、税收优惠、贷款贴息、贷款风险补偿等政策都可以弱化投入风电产业的金融资本的逐利性，在为风电产业发展提供低成本的政策性资金支持的同时，也可以吸引更多的金融资源流入风电产业，从而促进和引导风电与金融的结合，推动风电产业与金融业耦合系统的规模不断增长。风电产业作为具有较好发展前景的新能源产业，是政府宏观政策支持的首选产业之一。为了适应经济的快速发展和来自全球的竞争，政府会通过制定一系列的产业政策、金融政策来保障风电产业与金融业耦合发展的外部环境，通过宏观政策调控促进风电产业与金融业的协调发展，从而促进风电产业与金融业耦合系统向更高效的层次演进。

二 风电产业与金融业耦合系统的内在动力机制

（一）价值动力机制

追求价值增值和利益最大化是市场经济下各类经济活动的主轴，风电产业作为新兴产业与国家政策重点支持产业，金融资本看准其发展能力，随时准备开展和开发适合风电产业发展需求的金融业务与金融产品，以便扩大自身的利益范围。在此过程中，风电产业也获得了相应的资本利益和持续发展的资本支持。可以说，风电产业与金融业耦合发展的根本目标和根本动力就是追求两者的利益最大化和价值增值。

相对于处在快速成长阶段的风电产业，金融业发展较为成熟。但是，随着风电产业的继续快速发展，两者产生交集和需要互补的空间会越来越大，两者通过资本供求和资金融通的过程产生产业关联，通过竞争与合作。实现资源的整合，以此共同提高产业的竞争力，形成以异类资源互补和同类资源共享的共同体，达到互惠互利、共生共荣的行业共生效应，最终实现两者的价值增值。因此，通过风电产业与金融业的业务关联达到两者之间的优势互补，并以此实现两个产业的价值增值是驱动风电产业与金融业耦合系统运行与发展的"内动力"，同时也是推动风电产业与金融业协同发展的根本动力之一。

（二）要素优化配置的动力机制

风电产业在与金融业协调发展的过程中，存在资本供求、信息共享等要素的关联。如果两者能够在资金供求上更加的匹配、在信息交流上更加的畅通，风电产业与金融业之间会产生更为良性的互动，这种良性的互动会促进耦合系统的优化。相反，如果资本、信息等要素的配置不能得到优化，耦合系统将会变得无序。

1. 资本配置优化的驱动

金融业与风电产业之间是通过资本流紧密地耦合在一起的，风电产业从零部件生产、整机制造到风电场的建设都离不开资金的支持，金融部门作为市场经济中动员和募集资本的重要媒介，能够快速地为风电产业发展的各个环节筹集足够的资金，并根据风电项目开发的特征为之提供不同类型的融资期限、融资结构和融资服务，以促进风电产业的稳定和持续发展。而风电产业在不同的生命周期、不同的产业环节以及不同的企业类型上也存在不同的融资需求，因此，对金融资源的需求在规模、结构上也都存在差异。如何将金融业的不同结构、不同业务种类以及不同服务种类与风电产业的不同金融需求相匹配，决定了风电产业与金融业在资本供求上的协调性，同时也影响着风电产业与金融业耦合系统的效率。

2. 信息共享优化的驱动

金融机构拥有专门的信息评估系统和技术，可以对不同的项目进行信息收集，以此评估出这些项目的成本、风险和收益的信息。同时，金融市场也具有传递和显示信息的功能，这个功能是通过金融市场的价格发现过程实现的。风电企业想要从金融机构获得资金支持，除了提供可靠的担保和抵押品外，还要将自身经营状况好坏的信息准确传达给金融机构以提高自身的信用度。风电企业与金融业之间通过这些信息的共享，风电项目的所有者和潜在投资者可以充分利用金融机构与金融市场所提供的信息来迅速达成合作，金融机构也能够有效缩短放贷的时间和减少放贷产生的成本，并随时了解自身贷款信息的走向，降低贷款过程中因为被担保企业经营状况不佳所带来的自身发展风险。

在信息共享的过程中，因为风电企业与金融机构之间存在信息不对称的问题，掌握信息较多的信息优势方会产生"逆向选择"与"道德风险"的可能性，从而影响到双方信息的交流与共享。同时，因为行业竞争的关系，共享的信息特别是涉及商业秘密的信息，究竟由谁来运营和管理，怎样根据信息作出决策，如何保证信息共享的安全性，这些都会影响到信息传递环节的相互协作与协同。因此，如何保证风电产业与金融业在协同发展的过程中充分利用双方掌握的信息优势是促进风电产业与金融业耦合系统协调发展的重要一环。

3. 风险分散动力机制

风电产业是典型的资本、技术密集型产业以及政策依赖型产业，其在发展的过程中容易受到资本、技术以及政策等因素的影响，因此，风电产业在融资的过程中会面临政策、技术和财务等在内的诸多风险。其中，政策性风险是无法避免的，风电产业尚处于发展的初级阶段，对国家相关扶持性政策的依赖度比较高，虽然风电产业的市场前景较好，但如果相关扶持政策不能落实又或者政策发生了变动，都可能影响到风电产业的收益，导致企业无法按时偿还债务，从而影响到风电产业与金融业之间的业务往来。风电产业属于高技术新兴产业，其在技术开发的过程中会面临技术突破的不确定性、新技术投入生产的不确定性以及新技术市场需求的不确定性，这些不确定性都会为风电产业的发展带来技术上的风险，进而影响到金融业对风电产业投资的积极性。风电企业融资的财务风险则主要体现在风电企业融资成本不合理、融资比例失衡和资产流动性弱等问题上，这些问题都会影响到风电企业最终的债务偿还，使得与之合作的金融机构失去对风电企业再投资的热情。在政策风险、技术风险和市场风险的多重压力约束下，风电产业并不符合投资机构的投资目的和偏好。但金融部门可以通过开发增强流动性功能的金融工具和金融产品来实现长期资本的形成和资源的优化配置，从而弥补风电产业资产流动性弱带来的风险。并且金融机构还可以通过专业的风险审查机制来规避、防范和化解风电产业发展中遇的各类风险，使风电产业的有形资产风险转变为金融业的风险。在此过程中，金融部门也可以通过对风电产业这样具有较高发展前景的新兴产业的支持来分散和转移自身发展的风险。在风电产业与金融业通过相互的协作，分散和转移自身发展的风险时，风险分散的比例与风险承担的比例则需要由风电企业与金融机构之间的博弈来决定。当风电核心企业为融资企业提供担保融资时，金融机构承担的风险较小，会很愿意为风电企业提供资金支持，但风电核心企业承担的风险就相对较大；如果风电企业过多地将风险转移给金融部门，则又会降低金融部门对风电企业投资的热情。因此，如何优化风电产业与金融业在耦合发展过程中的风险分散机制是推动风电产业与金融业耦合系统向有序方向发展的重要保障。

通过上述分析可知，风电产业与金融业耦合系统的内在动力机制与外在动力机制共同推动了系统的稳定有序发展。为了更清晰地描述风电产业与金融业耦合系统的动力机制，现构建描述风电产业与金融业耦合系统演进和发展的基本微分动力方程：

$$\frac{dX_i}{dt} = f_i(\{X_j\},\{\lambda_m\},t) \qquad (4-1)$$

式中，X_i 是描述耦合系统状态的一组变量；$\{X_j\}$ 是系统内在动力机制对系统状态的影响；$\{\lambda_m\}$ 是系统外在动力机制对系统状态的改变。该方程强调的是系统内外动力机制对系统状态的影响。图 4-2 显示了风电产业与金融业耦合系统的内外动力机制。内在动力机制是系统发展的内在属性，风电产业与金融业耦合系统内不同的部门和机构之间既存在竞争关系又存在协同关系，这使得系统内各个子系统（要素）间呈现出非线性的相互作用机制，并通过正负反馈机制产生非线性耦合作用，这种非线性耦合效应将推动系统结构的整体变化，使系统走向高级有序，或者走向衰退。外在动力机制则来自于系统的外部环境因素，其可以通过传递机制作用于内在动力机制，来进一步强化系统内部的作用机制，从而实现耦合系统整体效率的改变。

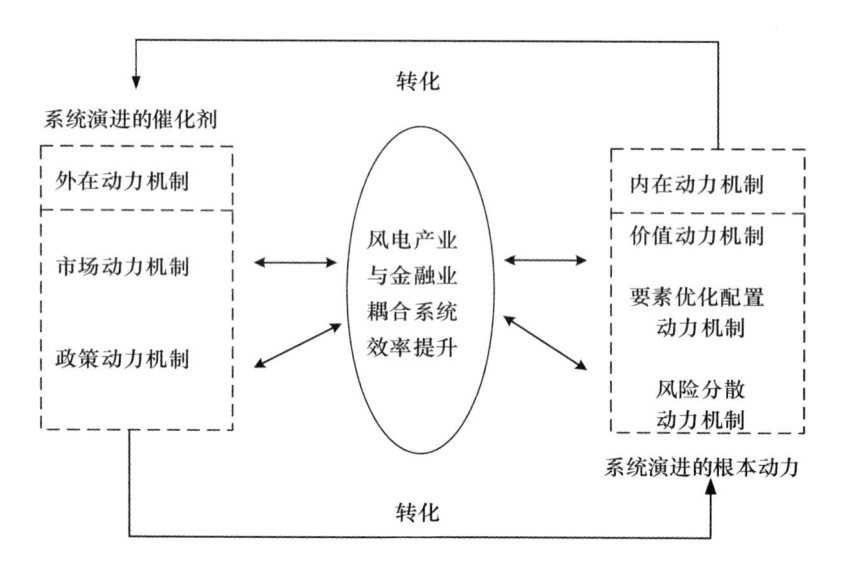

图 4-2　风电产业与金融业耦合系统发展的内外动力机制

第二节　风电产业与金融业耦合系统的耗散性分析

风电产业与金融业耦合系统内在动力机制与外在动力机制共同推动了系统的稳定有序发展。随着风电产业与金融业耦合程度的不断加深，风电产业与金融业耦合系统产生了对更高效和更高端的发展模式的需求，而耦合系统原有的平衡态会对系统向更高效的状态发展产生阻力，因此，只有在非平衡态的系统中，才能完成系统从低级向高级的不断演进，系统的耗散性则是对系统非平衡态的描述。本书以耗散结构理论对风电产业与金融业耦合系统从无序状态不断发展与优化，形成耗散结构，从而向更高层次发展的内在机理进行了分析。

一　风电产业与金融业耦合系统耗散结构特征分析

（一）耗散结构理论概述

1. 耗散结构的概念

耗散结构理论是比利时物理学家普里高津（Llya Prigogine）1969年在其所发表的论文《结构、耗散与生命》中提出的。耗散结构理论认为，不论是力学的、物理的、生物的、化学的还是社会的、经济的系统，只要是一个远离平衡态的开放系统，其通过与外界不断交换物质与能量，当外界条件发生变化，并且这种变化达到一定的阈值时，该系统可能从混沌无序的状态转变为一个在空间和功能上都相对有序的状态，而这种远离原有平衡态所形成的新的有序结构就是耗散结构。耗散结构可以看成是在与外界交换物质、信息和能量的过程中形成的一个具有自组织和自适应性的系统。

根据耗散结构的概念，耗散结构的内涵包括四个方面：（1）耗散结构是一个普遍存在的自然现象，广泛存在于自然界和人类社会中；（2）耗散结构是一个稳定的时空结构；（3）耗散结构是相对于平衡结构的一个概念；（4）耗散结构只在远离平衡态的开放系统中出现。

2. 耗散结构形成的条件

（1）系统必须是开放的

普里高津根据系统与外界环境的相互作用关系，将系统划分为孤立系统、封闭系统与开放系统，图4-3显示了系统的这三种形态。孤立系统与外界环境之间没有物质、能量和信息的交换；虽然封闭系统与外界环境存在能量交换（如传热），但却不与外界环境进行物质和信息的交换；而开放系统则与外界环境保持着不断的物质、能量和信息的交换。耗散结构是以开放系统为研究对象的，因为孤立系统是不可能出现耗散结构的，其系统的熵会不断增大直到系统平衡态的出现。只有不断与外界环境保持着物质、能量和信息交换的开放系统才能从外界环境中不断地获得负熵流，从而使系统朝着有序化方向发展。

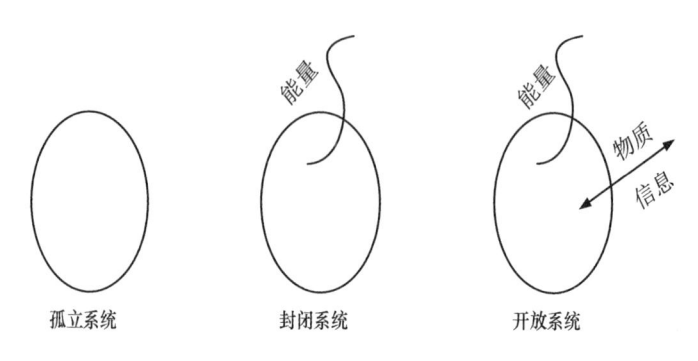

图 4-3 系统与外界环境的不同关联

（2）系统必须是远离平衡态的

系统具有开放性只是系统耗散结构形成的必要条件，但并不是充分条件。普里高津认为耗散结构只有在系统保持"远离平衡态"的条件下才可能出现。平衡态的结构是一种静态的稳定结构，它不依赖于外界环境。而耗散结构是一种动态的稳定结构，它是一种远离平衡态的稳定状态，只有系统与外界环境保持着连续的物质、能量和信息交换才能维持。

（3）系统通过涨落达到有序

涨落是指系统中某一个变量偏离平衡态的状态。在远离平衡态的开放系统中，只有涨落的存在才能推动系统由不稳定状态向新的稳定状态过渡，因此，涨落对系统有序发展起到的是积极推动的作用。当某一开放系统处于非平衡态时，任何微小的随机涨落都可以通过系统内部各个要素之间的非线性相干作用和连锁反应而被放大，形成系统整体上的"巨涨落"，从而使系统发生突变，形成一种新的稳定有序状态。

（4）系统是非线性的

对于一个近平衡态系统，即使外界条件将其驱动到远离平衡态，甚至把稳定的热力学分支变为不稳定，在不稳定热力学分支附近的扰动也只能无限发展，因为近平衡系统除热力学分支外没有任何其他分支的存在。而远离平衡态系统的演化相对于近平衡系统来说更加具有多样性，当非平衡约束将系统驱动到远离平衡态时，非线性项就发挥了主导作用，一个非平衡约束就对应多重定态解，有的定态解是稳定的，而有的则是不稳定的，在不稳定分支附近的扰动会随着时间发展而最终演变到一个稳定的分支上。

耗散结构理论揭示了系统运行的一般规律，对于一个孤立的系统来说，其只能处在熵不断上升的无序状态之中。而想要实现系统持续稳定地有序发展，就必须形成耗散结构，不断与外界环境进行物质、能量和信息的交换。

本书中风电产业与金融业耦合系统是一个开放的系统，它不断地与外界环境进行着物质、能量和熵的交换，在此过程中系统内部各要素之间会发生相互的作用关系，这些作用关系的综合结果既会推动风电产业与金融业耦合系统协同有序发展，也会使系统变得杂乱无章。而一个系统要能够不断延续生命进程并保持持续发展，就应该避免混乱发展，而是应该实现从无序到有序、从低级有序到高级有序的过渡。因此，了解风电产业与金融业耦合系统发展过程中影响或者促进系统有序发展的相关因素是制定系统优化政策必须解决的首要问题。而耗散结构理论正是为研究不断与外界进行物质、能量和信息交换的开放系统从无序状态走向有序状态、从低级有序走向高级有序的状态的动因、过程和路径等提供了有效的分析框架。

（二）风电产业与金融业耦合系统耗散结构特征

风电产业与金融业耦合系统协调发展的目标是通过演进周期的循环上升，使耦合系统可以从低序走向高序、从低效走向高效，直到系统内部各子系统之间以及系统与环境之间可以达到协调发展，这个发展的过程实质上就是风电产业与金融业耦合系统的耗散结构，即风电产业与金融业耦合系统不断协调发展的过程是一个通过耗散作用而实现耦合系统内部以及系统与外部环境之间协同序化的过程。根据耗散结构理论，这个过程的实现是需要具备一定的条件的。

1. 风电产业与金融业耦合系统具有开放性

开放性是指系统与外界环境之间既有能量的交换，也有物质的交换，实际上就是系统负熵的过程。系统通过从外界环境中不断引入负熵可以促进系统内部各个子系统之间更好地产生协同作用，使系统向着有序的方向发展。风电产业与金融业在耦合的过程中不可能离开整个产业系统而独立存在，它需要外界环境不断地为其提供各种资源和要素。例如，风电产业发展离不开政府部门的政策支持，也离不开其他如钢铁、气象等行业的支持；金融业在为风电产业提供资金支持和风险管理等服务时，离不开社会信用体系、中介服务机构等外界环境的支撑，更离不开与其他实体产业的相互联系。这些联系实现了外界环境对风电产业与金融业耦合系统的各种输入。同时，风电产业与金融业耦合系统也不断地对外界进行着资本、产品、技术和信息的输出。为了提高风电产业与金融业之间的交互程度与协调性，资本、信息和技术会不断地在风电企业与金融机构之间进行转移和传播。在两者的不断互动和信息反馈过程中，风电企业与金融机构等主体会根据反馈信息随时调整两者的合作模式、业务模式和产品的形式等，从而提高风电产业与金融业耦合的效果与效率。可见，风电产业与金融业耦合系统是一个具有输入、输出且系统内部包含多重反馈环和控制变量的复杂开放系统。

2. 风电产业与金融业耦合系统是远离平衡态的

具有远离平衡态特性的系统具有较大的开放度，且处在极其不稳定的状态，系统内部各个要素的流动和变化非常剧烈，系统有可能进化和发展成为耗散结构，进而产生出新的、高一个层级的系统结构。风电企业与金融机构在业务、产品和经营模式上都存在较大的异质性，虽然两者之间围绕着资金供求建立起了既合作又竞争的关系，但其差异性仍然是巨大的，它们会根据自身利益最大化和效用最大化的目标，不断进行博弈，每次博弈都会获得一个平衡的状态。但因为较大的差异性与风电产业未来发展的不确定性，两者之间在合作博弈的过程中处于极其不稳定的状态，每一次的平衡状态都会随着产业的发展，两者合作方式、利润分配方式的改变而不断地变更，从而使风电产业与金融业耦合系统更容易进化出新的产业金融合作模式与产品形式，形成耗散结构。可见，风电产业与金融业耦合系统很难保持绝对平衡的状态，其是不稳定的、远离平衡态的。

3. 风电产业与金融业耦合系统是非线性的

系统的非线性是基于系统的数学性质给出的系统分类，与线性是对立的概念，其是指系统内要素以及它们的性质变化并不是遵循单一的线性规律，且系统各个要素之间非线性的相互作用是导致系统产生耗散结构的内部动力机制，会引起系统"新质"的产生。风电产业与金融业耦合系统内的各个子系统或者子系统要素之间的联系都不是线性的单向作用，而是多方合作、多方监督，甚至各方互相持有股份、互相管理控制的关系。这种非线性的关联会使得风电产业与金融业耦合系统产生整体大于局部之和的态势，从而使系统形成耗散结构。而且风电产业与金融业耦合系统在发展的过程中还存在与外部环境的相互联系与相互适应的复杂关系。可见，风电产业与金融业耦合系统并不是一个简简单单的线性系统，而属于非线性系统。用非线性系统力学方程则可以将风电产业与金融业耦合系统表示为：

$$\frac{dX_i}{dt} = f_i(r, t, \{X_i\}, \{\partial_j\}) \quad (4-2)$$

其中，f 代表某种数学操作，X_i 为耦合系统的状态变量，r 为空间变量，t 为时间变量，∂_j 为系统的约束变量。

4. 风电产业与金融业耦合系统存在涨落

涨落是指系统在受到随机扰动时对现有状态的偏离，通过这种扰动会破坏系统整体的对称性，从而促进系统向更有序的结构演进，涨落代表了系统对新的结构的一种探寻趋势。风电产业与金融业耦合系统要从无序状态涨落到有序状态，其必然会受到系统内外不同涨落的扰动。其中，内涨落来自于系统内部影响各个子系统运行的各类因素，如企业规模、技术水平、合作方式等，这些因素不断影响着风电产业与金融业耦合系各个主体要素之间的相互作用，造成系统内部各个子系统在资源规模、生产水平、创新能力等方面的变化；外涨落则来自于外界环境对系统的各类影响，如国家政策、技术变动、宏观经济环境变化等，这些因素不断地为系统发展输入不同量级的负熵流，从而影响着风电产业与金融业耦合系统协调发展的规模、方式和方向等。这些对系统发展产生扰动的不同因素会使系统出现无数的小涨落，当这些小涨落不断地累积时，会逐渐形成"巨涨落"，使得系统向着更有序的状态转变，形成新的耗散结构。

(三) 风电产业与金融业耦合系统涌现性分析

系统科学把系统在演化过程中，因为系统内外因素的作用而导致系统出现了新的特性、结构和功能的现象称为系统的涌现性。涌现是系统整体上性能与结构的新的飞跃，也是系统从低层次向高层次的过渡。涌现性的通俗表述就是"整体大于部分之和"，其是由系统的各个组成成分之间以及系统与外界环境之间的相互作用、相互补充、相互制约而激发出来的系统整体才具有、孤立的部分及其总和不具有的更高层次的系统特性。

1. 风电产业与金融业耦合系统的涌现性

风电产业与金融业耦合系统的主体要素是具有主观能动性与适应性的风电企业与金融机构，风电企业与金融机构在相互合作与业务往来的过程中，可以获取双方的信息，并将这些信息进行转化形成固定的业务与产品模式，并且在此基础上进行业务与产品模式的进一步创新，创造出新的更适应两者协同发展的风电产业金融业务与风电产业金融产品。这种从最初的合作转化成固定的合作模式再到创新性合作模式产生的过程，正是风电产业与金融业耦合系统在演化的过程中不断涌现出新的特性、行为与功能的过程。

因此，本书将风电产业与金融业耦合系统的涌现性表述为：为了提高产业的价值，风电企业与金融机构在资金融通与业务往来的过程中，会主动接受来自对方的以及外界环境的各种反馈信息，不断优化自身产业发展的资源配置能力与产业吸引力，同时协调双方产业部门之间错综复杂的非线性关系，促使风电产业与金融业耦合系统不断地优化和提高，产生出新的、原有系统所不具有的或者低层次系统所不具有的价值增值模式的过程。

2. 风电产业与金融业耦合系统涌现的产生机制

系统涌现的产生机制是指系统整体涌现性产生的原因。风电产业与金融业耦合系统涌现产生的机制主要包括以下几个方面。

（1）非线性的相互作用

系统的涌现性是在系统内各个组分之间以及系统与环境之间的相互作用关系下激发出来的。风电产业与金融业耦合系统作为一个复杂的开放性系统，系统各个主体要素之间、各个子系统之间以及系统与环境之间都存在错综复杂的相互作用关系，这些作用关系并不是简单的加和与因果关系，而是呈现出非线性的复杂关系。风电产业与金融业耦合系统的涌现性正是基于系统内部的非线性作用关系而产生的。

（2）差异的整合

系统内部各个组分之间的差异性是系统涌现性产生的前提之一，只有具有差异性的不同系统组分之间经过整合与组织才能激发系统的涌现性。风电产业与金融业耦合系统中各个主体要素之间存在不同方式的合作。例如，资金融通的合作、信息揭示与共享的合作、风险分散与转移的合作、项目结算与监督业务的合作等等。这些不同的合作方式会产生不同的知识与信息，这些知识与信息的流动会促进系统主体将其不断进行转化与创新，从而使得风电产业与金融业耦合系统产生双赢的正面涌现效应。

（3）环境的"压力"

作为一个开放性的系统，风电产业与金融业耦合系统与外界环境之间存在交换与反馈的相互作用关系，外界环境通过对系统施加一定的"压力"而迫使系统进行新的组合及改变以适应外界环境的标准，从而获得持续发展的能量。前文对风电产业与金融业耦合系统演化的外生驱动力的分析中，外界政策环境与市场环境的刺激都会激发系统涌现性的产生。

3. 风电产业与金融业耦合系统涌现的层次

风电产业与金融业耦合系统的涌现过程就是系统从简单到复杂、从低级到高级的不断演化过程。风电产业与金融业耦合系统的涌现包括以下三个层次，自下而上分别是"需求"层次、"合作"层次与"创新"层次。

（1）"需求"层次的涌现

风电产业在蓬勃发展的同时，会面临着不同的限制与风险，其中有关资金上的限制与风险可以通过与金融业的合作而实现，因此，风电产业与金融业耦合系统在"需求"层次上的涌现开始出现。例如，风电企业在设备安装调试和运行的过程中发生的类似于风机烧毁、脱网以及倒塌等事故将严重影响风电行业的持续与健康发展，而保险作为一种有效的风险管控措施与工具，可以有效转移风电企业自身存在的风险。此时对"风电+保险"的业务合作模式以及风电保险产品的需求将会涌现。

（2）"合作"层次的涌现

当"需求"层次的涌现出现后，金融机构通过了解、学习和吸收风电企业的相关需求，实现自身对风电相关项目知识的认识。同时，风电企业通过对自身发展的衡量以及对金融相关知识的了解、学习与吸收，实现对自身发展的限制与相应的金融解决方案的认识。在此基础上，双方通过对这些知识的聚集、整合与加工会产生出新的"合作"模式。例如，当"风电+保险"的业务需求出现后，金融机构通过对风电项目相关风险的认识，会设计出适应该需求的不同保险险种，风电企业也可以根据自身的需求选择不同的保险险种类型。此时，"合作"层次的涌现性开始出现。

（3）"创新"层次的涌现

"创新"层次的涌现是指在对需求层次满足的基础上，立足于合作层次产生的成果，创造性地开发出更多的创新型风电产业金融业务与产品。例如，当"风电+保险"业务相对成熟后，金融机构通过业务合作的过程会发现新的风电保险需求，从而针对风电产业发展中遇到的新的风险，创造性地开发出更多的风电保险业务与产品，这样不仅促进了风电保险市场规模和盈利水平的提高，也保障了风电产业的持续健康发展。当这种合作模式的信息作为知识流动到其他的金融机构部门时，这种创新性的行为会不断地被复制、吸收与转化。此时，"创新"层次的涌现开始出现。

在这样一个具有三个层次结构的系统中，每个层次都具有自身的涌现特性，并且与较低层次相比，每个层次都有新的性质涌现出来。风电产业与金融业耦合系统整体目标的实现与效率的提高并不是各个层次行为效应的简单加和，它是系统各个主体要素经过多次逐级整合实现的复杂的涌现过程。

二 风电产业与金融业耦合系统的失稳机制分析

上述四个耗散结构特征是系统是否具备形成耗散结构的充分条件，

但系统是否能最终形成耗散结构,取决于系统是否具备失稳的条件与机制。系统旧态失去稳定性是系统出现新态的必要条件,只有当系统失稳之后某种涨落的放大才能使系统从无序态向有序态演化。本节利用"布鲁塞尔器"(Brusselator)模型进一步对风电产业与金融业耦合系统的失稳机制进行分析。

耗散结构理论的提出者普里高津领导的布鲁塞尔学派从化学反应的动力学过程中总结和概括出了一个可以表达耗散结构建立的数学分析方法和模型,即著名的"布鲁塞尔器"模型。其模型如下:

$$\begin{cases} A \xrightarrow{k_1} X \\ B + X \xrightarrow{k_2} Y + D \\ 2X + Y \xrightarrow{k_3} 3X \\ X \xrightarrow{k_4} E \end{cases} \quad (4-3)$$

模型中,A 和 B 是反应物,其可由外界不断补充;D 和 E 为最终生成物;X 和 Y 为中间生成物;反应式1和2代表的是 X 的生成增加;反应式2和4代表的是 X 的消耗减少;反应式2代表的是 Y 的生成增加;反应式3代表的是 Y 的消耗减少;k 代表反应的速率。

根据模型的定义及反应式的特征,现将 A、B、D、E、X、Y 所代表的意义转义为风电产业与金融业耦合系统演化过程中的因素:A 为风电产业系统与金融业系统产生交互关系的资本、信息、技术等要素资源的规模;B 为风电产业与金融业耦合系统发展的外部环境(据前文分析,外部环境主要包括:自然资源环境、政策环境、社会经济环境以及科学技术环境);D 为风电产业与金融业的价值增值效应;E 为风电产业与金融业耦合系统的效率;X 为风电产业金融产品(业务)规模;Y 为风电产业与金融业资源有效配置的程度。

根据上述演化模型可知,风电产业与金融业耦合系统的发展取决于风电产业系统与金融业系统产生交互关系的资本、信息、技术等要素资源的规模以及外部的客观环境,在这两种条件的作用下,经过系统的中间要素——风电产业金融产品(业务)规模和风电产业与金融业资源有效配置程度的不断提高,风电产业与金融业的价值增值水平随之不断加深,风电产业与金融业耦合系统的效率也不断提高,从而形成风电产业与金融业耦合系统的有序发展。为了进一步分析风电产业与金融业耦合系统的具体发展趋势,可以将系统状态变量 X 和 Y 的扩散动力学方程表示为:

$$\begin{cases} \dfrac{dx}{dt} = k_1 A - k_2 BX - k_4 X + k_3 XY + D\dfrac{d^2 x}{dt^2} \\ \dfrac{dy}{dt} = k_2 BX - k_3 X^2 Y + D\dfrac{d^2 Y}{dt^2} \end{cases} \quad (4-4)$$

当 $k_1 = k_2 = k_3 = k_4 = 1$ 时,动力学方程(4-4)可以表示为:

$$\begin{cases} \dfrac{dx}{dt} = A - BX - X + X^2 Y \\ \dfrac{dy}{dt} = BX - X^2 Y \end{cases} \quad (4-5)$$

动力学方程(3-5)的定态解为:

$$x_0 = A; y_0 = \frac{B}{A} \quad (4-6)$$

该定态解表示反映在平衡区附近的稳定状态,而系统能否形成有序的耗散结构决定于这些定态解是否可以失稳。由于对非稳定性的分析比较困难,因此可以通过稳定性分析找出系统可以失稳的点或者区域。在定态解 x_0、y_0 附近进行泰勒展开,可以得到如下方程:

$$\begin{cases} \dfrac{d\Delta x}{dt} = (B-1)\Delta X + A^2 \Delta Y \\ \dfrac{d\Delta y}{dt} = -B\Delta X - A^2 \Delta Y \end{cases} \quad (4-7)$$

微分方程(4-7)的特征方程为:

$$\lambda^2 - (B - 1 - A^2)\lambda + A^2 = 0 \quad (4-8)$$

上式中,λ 为系统特征值,令 $\omega = B - 1 - A^2$,得到系统的特征值为:

$$\lambda_{1,2} = \frac{1}{2}(\omega \pm \sqrt{\omega^2 - 4A^2})$$

系统的稳定性取决于 ω,即系统的稳定性由 A 和 B 两个因素决定。根据耗散结构理论可知:

(1) 当 $\omega < 0, |\omega| < |2A|$ 时，特征方程具有两个负实部的共轭复根。随着时间的增长，在定态点（x_0, y_0）附近的增量收敛且收敛极限为 0，故定态点（x_0, y_0）为稳定焦点，系统总能从初始的混乱无序回到有序态。如图 4-4（a）所示。

(2) 当 $\omega < 0, |\omega| > |2A|$ 时，特征方程具有两个负实根。此时对于较大的扰动，定态解也总是稳定的。此时的定态点（x_0, y_0）为稳定结点。如图 4-4（b）所示。

(3) 当 $\omega > 0, |\omega| < |2A|$ 时，特征方程具有两个正实部的共轭复根。此时定态点（x_0, y_0）为不稳定焦点，在定态点（x_0, y_0）附近的增量发散，最终以定态点（x_0, y_0）为中心形成一个极限环，系统无法稳定而在一定范围内不断振荡。如图 4-4（c）所示。

(4) 当 $\omega > 0, |\omega| > |2A|$ 时，特征方程有两个正实根。此时对于任意扰动，都会使定态点（x_0, y_0）远离平衡点。此时的定态点（x_0, y_0）为不稳定结点。如图 4-4（d）所示。

(5) 当 $|\omega| = 0$ 时，特征方程有纯虚根。此时的定态点（x_0, y_0）为稳定的中心点。如图 4-4（e）所示。

由上分析可知：当 $\omega < 0$，即 $B < 1 + A^2$ 时，定态解是稳定的，从不同初始状态开始的运动轨迹线都会最终回到定态点这个吸引子。此时，风电产业与金融业耦合系统发展的外部环境较好，耦合系统是稳定的，但风电产业与金融业之间产生交互的资本、信息和技术等要素资源不足，即风电产业与金融业耦合的渠道（路径）并不畅通（丰富），这种稳定状态并不是有序的，只会使耦合系统的发展停滞不前。当 $\omega > 0$，即 $B > 1 + A^2$ 时，定态解不再稳定，系统会出现耗散结构分支，当系统失稳后，由于系统内部的非线性作用使系统产生涨落，当涨落达到临界时，系统会演变成为一个新的状态，并不断向更高级有序的方向发展。此时，风电产业与金融业耦合系统外部环境对其发展要求较高，使得风电产业与金融业耦合的驱动力加强，这就会促进耦合系统失稳，使耦合系统可能出现向更高层次稳定态演进的耗散结构。图 4-5 显示了风电产业与金融业耦合系统不断发展形成的耗散结构。

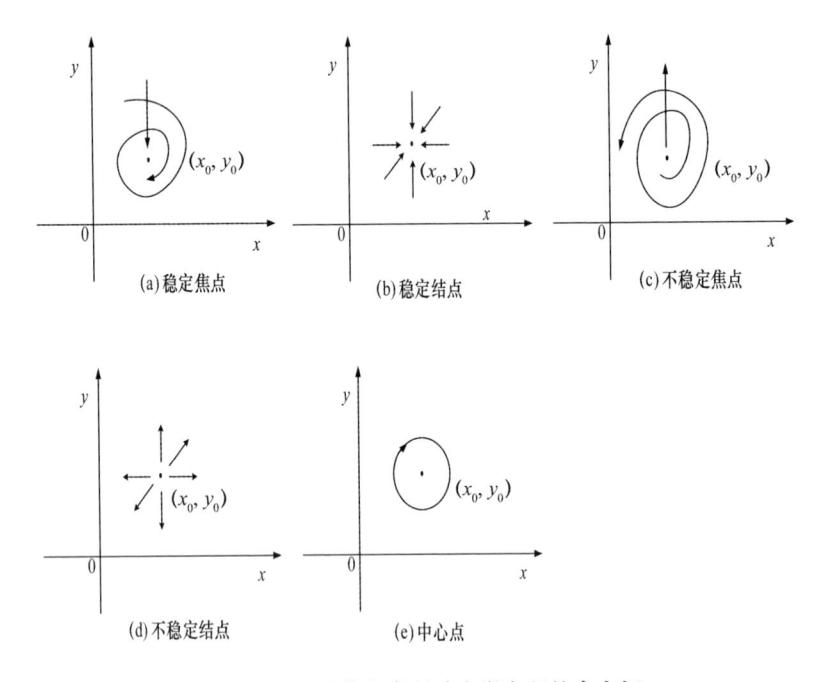

(a)稳定焦点　　(b)稳定结点　　(c)不稳定焦点

(d)不稳定结点　　(e)中心点

图4-4　系统状态变量动力学方程的定态解

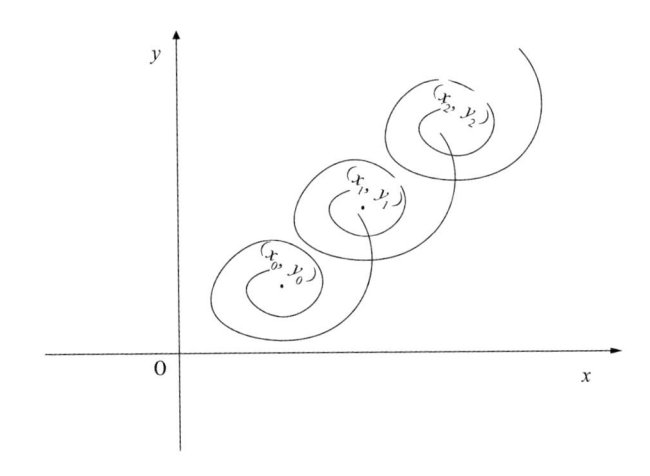

图4-5　耦合系统不断发展而形成的耗散结构

通过以上对风电产业与金融业耦合系统耗散结构特征和系统失稳机制的分析可知，要使风电产业与金融业耦合系统往一个良好有序的方向发展，首先应该加大风电产业与金融业耦合的内外动力机制，畅通与拓宽两者耦合的路径，使风电产业系统与金融业系统产生交互关系的资本、信息、技术等要素资源的规模不断增强并得到有效的配置。同时也要不断优化风电产业与金融业耦合系统的外部保障环境。这些共同构成了风电产业与金融业耦合系统有序发展的条件。只有这些条件的存在，才会扩大风电产业金融产品（业务）的规模和提高风电产业金融产品（业务）创新的能力，促进风电产业与金融业的资源有效配置，最终形成一个可以促进风电产业与金融业价值增值的高效率耦合系统。

三 风电产业与金融业耦合系统的涨落分析

通过上述分析得到了风电产业与金融业耦合系统耗散结构形成的条件和系统的失稳机制。耗散结构理论认为，在系统耗散结构形成并进入失稳状态后，系统中任何一个微小的涨落，通过系统内各个子系统之间非线性的相互作用会被迅速放大形成连锁效应，从而形成巨涨落，导致系统突变的发生，使系统形成一种新的稳定有序的状态，这个就是"涨落导致有序"。涨落对系统的发展起到了重要的作用，涨落会驱使系统去探索新的状态，如果没有涨落的存在，系统就不会认识到还有一个更稳定的状态的存在。

考虑到随机涨落力的存在，耦合系统因为子系统之间相互作用关系而引起的状态变化的势函数可以用以下公式来表示：

$$\frac{d_{q_i}}{d_t} = G_i(q_i) + F_i(t) - y_i q_i \quad (4-9)$$

其中，$\frac{d_{q_i}}{d_t}$ 表示耦合系统子系统间因为相互作用关系而引起的系统状态的变化，$G_i(q_i)$ 为各个子系统之间相互作用的函数，$F_i(t)$ 表示随机涨落力，i 代表各个子系统，如子系统 1、2、3、…，n。因为有随机涨落力 $F_i(t)$ 的存在，在临界点处任何一个微小的涨落都会使系统向一个更加稳定和有序的结构变化，这也是系统自组织性的体现。

风电产业与金融业耦合系统作为一个开放的系统，在其与外界环境不断地进行能量交换的过程中会使系统的能量累积达到一个临界点，当系统在临界点时，通过随机涨落力，系统会向着更稳定有序的结构演进。为了更清楚地呈现系统的变化状态，本书选取系统整体效益（q_a）和系统的有序度（q_b）来表示系统因为随机涨落力的存在而产生的变化状态。因此，方程4-9可进一步表示为：

$$\frac{d_{q_a}}{d_t} = (\alpha - \mu_a)q_a + F_i(t) - \gamma q_a^2 - \beta_a q_a q_b \quad (4-10)$$

$$\frac{d_{q_b}}{d_t} = \beta_b q_a^2 - \mu_b q_b \quad (4-11)$$

式中，α为系统整体效益系数，μ_a和μ_b为阻尼系数，γ为耦合系统随时间推移能量不断衰减的系数，β_a为q_a与q_b之间的相互作用力系数，β_b为系统总体能量与系统有序度的关系。因为，$\frac{d_{q_b}}{d_t} = 0$，因此$\frac{d_{q_a}}{d_t}$可以表示为：

$$\frac{d_{q_a}}{d_t} = (\alpha - \mu_a)q_a + F_i(t) - \gamma q_a^2 - \beta_c q_a^3 \quad (4-12)$$

式中，$\beta_c = \frac{\beta_a \beta_b}{\mu_b}$，对公式4-12求导，可以得出系统对应的势函数：

$$V(q) = \frac{1}{2}(\alpha - \mu_a)q_a^2 + \frac{1}{3}\gamma q_a^3 + \frac{1}{4}\beta_c q_a^4 \quad (4-13)$$

从式中可知：当$\alpha < \mu_a$时，$V(q)$有唯一解，为$q_a = 0$，此时系统的整体效益还没有大到可以使系统的无序状态发生突变，整个耦合系统虽然是稳定的，但还处在无序的状态，如图4-6所示。在图4-6中，当q_a总是处在$q = 0$附近时，系统保持在稳定状态，从现实角度来说，此时风电产业与金融业还处在刚刚接触的状态，各个子系统之间的相互协同作用还没有出现，整个系统的效率不高，系统处在一种无序的状态中，这正好反映了耦合系统的形成是需要一段磨合期的。当$\alpha > \mu_a$时，表示随着风电产业与金融业之间的协同作用开始显现，整个系统的效率也开始提高，系统也更加趋于有序，此时，在随机涨落力$F_i(t)$的作用下，处于稳定状态的系统会发生突变，耦合系统也随之形成。如图4-7所示。

随机涨落对于耦合系统的发展起着非常重要的作用，图4-8显示了耦合系统的随机涨落过程。如图4-8所示，当耦合系统处于状态q_1时，涨落会驱使耦合系统去探索新的状态q_2，如果没有涨落的存在，

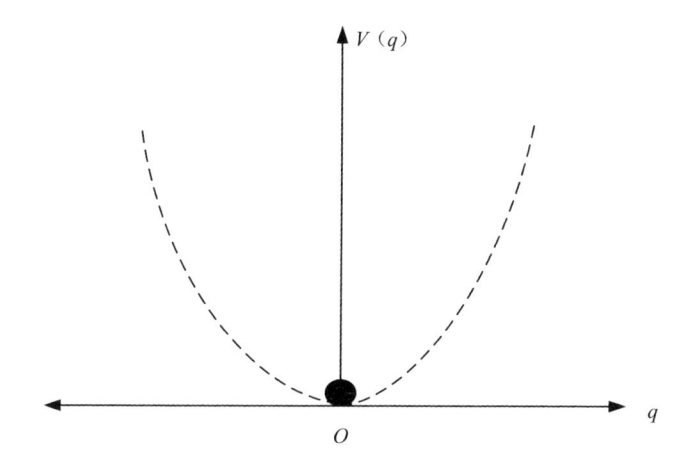

图4-6　耦合系统无序稳定状态

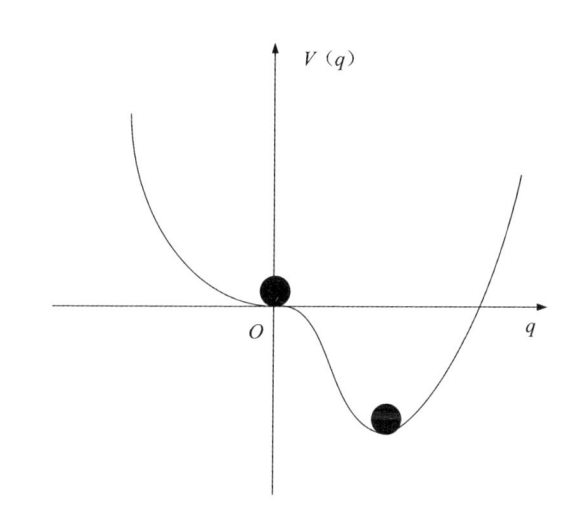

图4-7　耦合系统的突变

耦合系统就不会认识到 q_2 会是一个更稳定的状态，若涨落存在，耦合系统可以通过扩散过程使系统从状态 q_1 到状态 q_2。状态 q_2 是一个更能适应周围环境的状态，原来的状态 q_1 将被暂时淘汰。这就是一种选择，这个涨落与选择的过程就导致了耦合系统的不断发展，使其更能适应新的竞争环境。

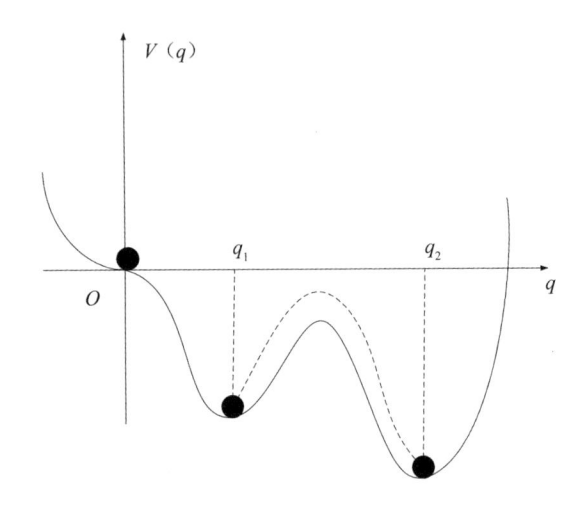

图 4-8　耦合系统的随机涨落

但系统的随机涨落存在偶然性,在系统还没有达到临界区域时,随机涨落力的大小还不能使系统远离稳定状态,此时随机涨落力只能使系统产生"微涨落",整个耦合系统本身还是稳定的,"微涨落"造成的系统偏离会不断衰减以至消失,使系统回归到原有的稳定状态。但是,当系统进入临界区域时,因为系统自组织过程中的非线性作用,系统远离平衡态的距离在不断增加进而出现"分叉"现象。在每一次"分叉"点,涨落会"选择"一种"分叉"使系统可以达到更高一级的耗散结构,从而形成系统的"巨涨落",促进耦合系统的有序发展,使系统进入一个新的稳定状态。耦合系统的涨落与分叉如图 4-9 所示,图 4-9 是一个三分叉图,现实中可能存在更多的分叉。图 4-9 中,X 表示系统的变化状态;λ 表示系统偏离平衡态的程度;λ_0 表示系统的平衡态。

如图 4-9 所示,在区间 λ_0—λ_1 内,系统处在自稳定状态,耦合系统内部不断产生的"微涨落"并不能破坏系统的稳定结构,系统仍然保持平衡态。在区间 λ_1—λ_2 内,耦合系统自组织过程中的非线性作用使得系统远离平衡态的距离越来越远,在 A 点时系统出现了分叉。在分叉点处系统涨落的"选择"会决定系统分叉的方向。在风电产业与金融业耦合系统内,两者运作协调水平的提高、政府导向政策的不断完善、新的风

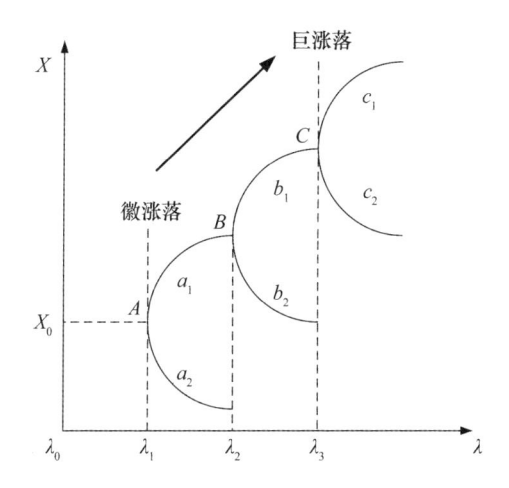

图 4-9 耦合系统的涨落与分叉

电产业金融业务和金融产品的出现等具有正向作用的涨落都会使得耦合系统沿着正向分叉 a_1 发展；反之，因为两者耦合风险的约束、外部保障政策的不完备、外部经济环境的剧烈波动等具有负向作用的涨落会使得耦合系统沿着逆向分叉 a_2 发展，导致系统最终衰退。达到 B 点后，耦合系统出现了第二次分叉，类似地，耦合系统再次遵循分叉进行选择。上述的分叉选择过程可以一再重复从而使风电产业与金融业耦合系统产生多种可能的有序结构。

根据对耦合系统涨落的分析，可以将风电产业与金融业耦合系统形成与发展的过程概括为：在开放的条件下，风电产业与金融业耦合系统内各主体、各要素及其与环境之间的非线性相互作用为动力，同时受到内外涨落的随机影响，支配着耦合系统的各个子系统的协同发展，使系统经历多种突变，从无序跃变为有序，从低级有序走向高级有序，从而形成一个新的稳定结构。其中，开放性与非平衡态是风电产业与金融业耦合系统形成与发展的动力，随机涨落是诱因，突变与分叉是路径。

第三节　风电产业与金融业耦合系统的熵变分析

根据上述对风电产业与金融业耦合系统耗散结构特征的分析，可知风电产业与金融业耦合系统是一个典型的耗散结构系统。因此，可以运用熵概念和熵变的原理对风电产业与金融业耦合系统的有序发展进行描述与分析。

风电产业与金融业在耦合发展的过程中会因为固有的产业差异和矛盾而使风电产业与金融业耦合系统产生熵增，其只有不断地与外界环境进行交流，吸收来自政府、中介机构、科研机构的资金、信息、技术与能量才能使系统的负熵流增加，进而产生熵变，使得系统不断地向有序方向发展，从而使得风电产业与金融业之间协调度增加，获得两者的"价值增值"效应。熵是对系统无序程度的度量，对风电产业与金融业耦合系统熵变的分析则可以有效地揭示风电产业与金融业间相互耦合、相互协调发展的机理。

一　风电产业与金融业耦合系统的熵流分析

（一）熵理论概述

作为一个物理学概念，熵最早来源于热力学。150 年前，科学家在对热机效率问题进行研究时发现，卡诺热机在完成一个完整的热功转换循环时，不仅遵循着能量守恒定律，而且其工作物质所吸收的热量 Q 与绝对温度 T 的比值之和 $\sum \left(\dfrac{Q}{T} \right)$ 始终为零。后来，德国物理学家克劳修斯（Clausius）就把这种可逆过程中工作物质所吸收的热量 Q 与绝对温度 T 的比值定义为"熵"（Entropy），从此热力学熵理论创立。这样一来，"熵"便成为一个可以衡量系统状态变化的新的变量，而且"熵"仅与系统的起始和终止状态有关，与其经历的热力学路径无关。

在热力学熵理论创立后，其被应用的领域越来越广。在研究分子运动时，"熵"被用来表征分子运动无序程度的能力；在化学科学领域，"熵"被用来判断化学反应进行的方向与程度的标志；1948 年维纳和申农创立了信息论,"熵"又被引入信息论的研究中,其把通信过程中信息源信号的不确定性定义为"信息熵";在信息论的带动下,"熵"又一次被应用到统计物理学中,统计物理学理论将某一宏观状态所对应的微观状态数用"玻尔兹曼熵"来表示;在系统科学理论中,熵可以用来衡量系统状态变化的状态变量。随后,"熵"的概念又被应用到了概率论、计算机等领域。表4-1对比了不同学科中熵的概念。

表4-1　　　　　　　　　　不同学科中熵的概念

学科	熵的计算公式	说明
热力学	$dS = \dfrac{dQ}{dT}$	熵的变化等于单位热力学温度的吸热量
统计物理学	$S = k\ln N$	物质系统的"玻尔兹曼熵",等于波氏系数 k 与系统物质状态个数 N 的对数的积
信息学	$H = -k\sum p_i \log p_i$	某项实验第 i 种状态出现的概率 p_i,它所能提供的信息量为熵值 H

系统科学理论认为,当系统内部各个要素之间出现了协调障碍,或者由于系统外界环境对系统的不可控输入达到一定程度时,系统就很难围绕其所预先确定的目标状态进行发展,从而在功能上表现出某种紊乱,表现为系统有序性减弱、无序性增强,系统的这种状态就是系统熵值增加的效应。反之,当系统内部各个要素之间以及系统与外界环境之间的相互关系充分协调时,系统的有序性就会大大加强,系统会处于一个可控的最佳状态,系统的这种状态就是系统负熵值增加的效应。在系统科学理论中,系统的总熵可以用公式表示为:$dS = d_iS + d_eS$。其中,d_iS 为系统内部运行引起的熵变,是不可逆的,也是不可避免的,即 $d_iS > 0$。d_eS 为开放系统与外界环境进行物质、能量和信息交换时产生的熵变,d_eS 可负可正,$d_eS > 0$ 则系统熵增加,$d_eS < 0$ 则系统引入了负熵。在封闭的系统中因为系统与外界没有交流,$d_eS = 0$,dS 永远大于零,所以对于封闭的系统来说,系统内部的总熵会不断增加,从而使系统的无序度增加。但是,在开放的系统中,如果从外界引入的负熵能够抵消系统内部熵的

增加，系统的优化程度就会增加，从而促进系统的进化。

（二）风电产业与金融业耦合系统的熵流分析

对于风电产业与金融业耦合系统来说，为了获得生存与持续发展的能量，必须不断从外界环境引入负熵，以抵消系统在发展过程中产生的熵增，从而使耦合系统可以走向更高层次的稳定有序结构。系统内各个子系统（要素）之间存在的矛盾和问题是系统发展过程中熵增的主要原因，如果系统熵不断增加，系统会越来越无序直至崩溃；相应地，有利于缓解和消除系统内各种矛盾的因素是系统发展过程中负熵的来源，如果系统负熵不断增加，系统的效率会不断提升，系统会越来越有序。

因此，根据耗散结构理论来管理风电产业与金融业耦合系统，应该正确识别导致耦合系统内熵增生成的因素，同时认识到系统外部负熵流的生成因素，并持续从外界输入负熵流，以保证风电产业与金融业耦合系统可以朝着更高层次方向发展。风电产业与金融业耦合系统的熵变条件可以用图4-10来解释。

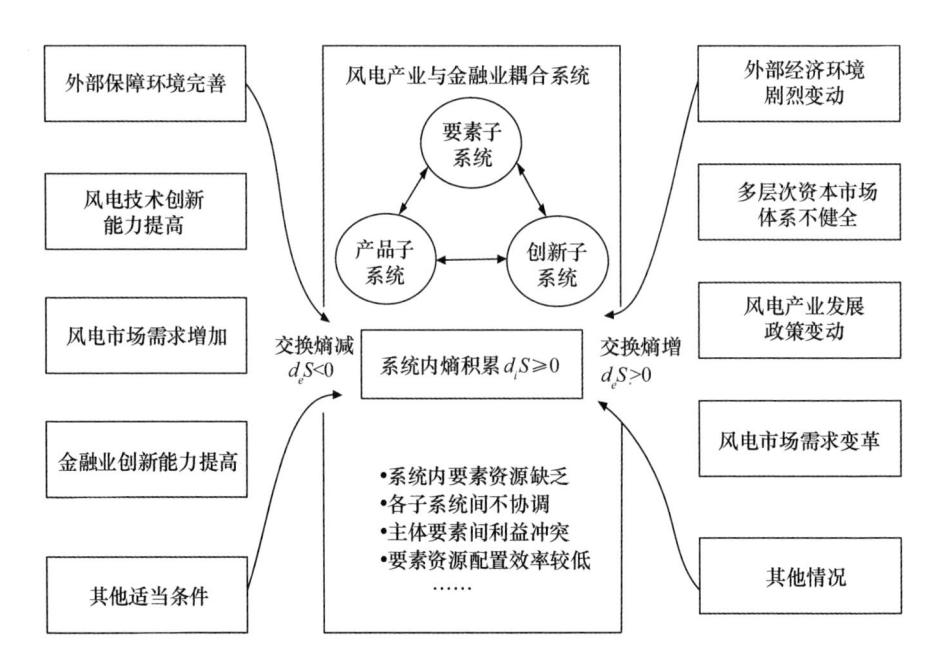

图4-10 风电产业与金融业耦合系统熵变条件

对于风电产业与金融业耦合系统来说，导致耦合系统内外部熵增生成的因素和使系统内外部生成负熵的因素主要来自于以下方面。

（1）导致系统内部熵增的因素。风电产业与金融业耦合的渠道狭窄、不畅通导致系统内要素资源缺乏；针对风电产业发展的金融产品（业务）不足；风电产业与金融业之间要素配置效率较低；风电产业与金融业资源整合程度较低；针对风电产业发展的金融产品（业务）创新能力不足；耦合系统内部各个子系统（要素）之间协调性不足以及其他系统内部的不利影响。

（2）导致系统外部熵增的因素。适应多元化的投资与融资需求的多层次资本市场体系还未健全；资本市场的法律体系和监管规则还不完善；风电产品更新换代速度过快造成的风电市场发展的不确定性；产业发展政策和外部经济环境的较大变动以及其他来自系统外部的不利因素。

（3）系统内部负熵生成的因素。风电产业与金融业耦合系统的运作协调水平提高；风电产业与金融业的资金供求匹配程度提高；风电产业与金融业间信息交流通畅；风电产业与金融业在风险分散与控制上的机制更加完善；耦合系统内各个要素之间的沟通渠道更加畅通等有利于系统有序发展的系统内部因素。

（4）系统外部负熵生成的因素。风电产业市场需求增加；风电产业技术创新能力提高；金融业创新能力提高；风电产业与金融业耦合发展的外部保障政策与制度环境更加完善；多层次资本市场的不断建立等有利于系统有序发展的系统外部因素。

从以上对导致耦合系统内外部熵增生成的因素和使系统内外部生成负熵的因素的分析可以看出，耦合系统熵的增加是不可控的，也是不可避免的，只要系统还在运作，就一定会产生不利于耦合系统有序发展的熵增。但系统的负熵却是可以人为加以控制的，也就是说，如果耦合系统想要生成可以抵消系统增加的熵，并以此强化管理有序度的负熵，就必须借助外界的动力适当给予一定的管理。

二 风电产业与金融业耦合系统的熵与熵变

(一) 风电产业与金融业耦合系统的熵分类

在风电产业与金融业耦合系统的不断演进过程中，因为影响因素的复杂性会造成两者耦合的不同效果，可能会出现过度融合或者耦合系统过早夭折等两种极端状态。为避免这种不确定的极端状态出现，就要明确两者耦合的速度。而随着系统耦合程度的提高，系统的结构关系也会变得复杂，涉及的内外部因素也会越多，系统结构就越容易出现无序性。因此，在风电产业与金融业耦合系统不断演进的过程中，引入三个衡量耦合系统演进效果的熵，分别为规模熵、速度熵以及结构负熵，即应该在保持风电产业与金融业耦合系统低熵的前提下，来选择和确定风电产业与金融业耦合的规模、速度以及结构。根据信息学中对熵的计算公式，笔者将规模熵、速度熵以及结构负熵的计算公式归结如下。

1. 规模熵

风电产业与金融业的耦合必然会导致产业链的延长和产业网络的扩大，使得耦合后的系统出现新的风险和障碍，系统内的熵也会随着风电产业与金融业耦合程度的增加而递增。相反，风电产业与金融业耦合后也会产生规模效应，两者可以采取专门化的服务战略，达到节省信息成本和分散经营风险的效果，这种正面效应促使负熵流的引入，从而弱化了系统熵增的负面效应。正是这种熵增与负熵的不断交换，决定了风电产业与金融业耦合系统的规模。

风电产业与金融业耦合系统的规模熵是衡量风电产业与金融业耦合规模适宜程度的熵，其可以用公式4－14来表示：

$$S_s = \sum_{i=1}^{n} \omega_i S_i \qquad (4-14)$$

其中，i 为耦合系统规模扩大过程中产生熵变的各种因素，如国家政策的变动、风电技术的改变、宏观经济环境的波动等；S_i 为在多种因素的影响下的熵变数值的大小；ω_i 为影响熵变的各种因素的权重。进一步，S_i 可以表示如下：

$$S_i = \pm \alpha \sum_{k=1}^{m} P_k \ln P_k \qquad (4-15)$$

其中，α 是一个待定常数，为每单位收益增加而造成的成本的变动；P_k 表示耦合后产生熵变的概率，且总的概率之和为 1，即 $\sum_{k=1}^{m} P_k = 1$；k 为耦合系统规模扩大过程中每个影响因素中的子约束，如政策变动中的补贴政策、风电产业政策等约束，技术变动中风电零部件制造技术、风电并网技术等约束。

2. 速度熵

风电产业与金融业耦合系统的速度熵是衡量风电产业与金融业耦合速度和不确定性的熵。其可以用公式 4-16 来表示：

$$S_v = \sum_{i=1}^{n} \sigma_i S_i \qquad (4-16)$$

其中，i 表示因耦合速度的不同而产生的不同的反应速度，如产业发展速度、技术变化速度、市场需求变化速度等；σ_i 表示引起熵变的各种因素的权重。进一步，S_i 可以表示如下：

$$S_i = \pm \alpha \sum_{k=1}^{m} P_k \ln P_k \qquad (4-17)$$

其中，P_k 为每个因素影响耦合后产生熵变的概率，且总的概率之和为 1，即 $\sum_{k=1}^{m} P_k = 1$；α 为待定常数，表示每单位收益增加而产生的成本的变动；k 为耦合系统规模扩大过程中每个影响因素中的子约束。

3. 结构负熵

系统耦合的程度越高，系统的结构关系就会越复杂，涉及的内外部因素就会越多，系统结构就容易出现无序性。结构负熵就是用来描述系统结构有效性的指标，其关键是分析系统内各个子系统间以及各个子系统内部要素间的组合持续和位置关系。系统耦合程度越高，结构关系就越复杂，其结构负熵就越复杂。

风电产业与金融业的耦合必然会导致产业链的延长和产业网络的扩大，使得耦合后的系统会出现新的风险和障碍，系统内的熵也会随着风电产业与金融业耦合程度的增加而递增。图 4-11 显示了随着风电产业与金融业耦合程度的不断加深，风电产业与金融业耦合系统结构的不断复杂化。如图4-11中所示，风电企业与金融机构之间的关联关系经历了从风电产业提出需求、金融业满足需求的单向链式关联，到风电企业与金融机构双向合作的双向链式关联，再到多风电企业与多金融机构交织互动的网络式关联的变化。随着这一变化，风电产业与金融业耦合系统的结构也逐渐复杂化。

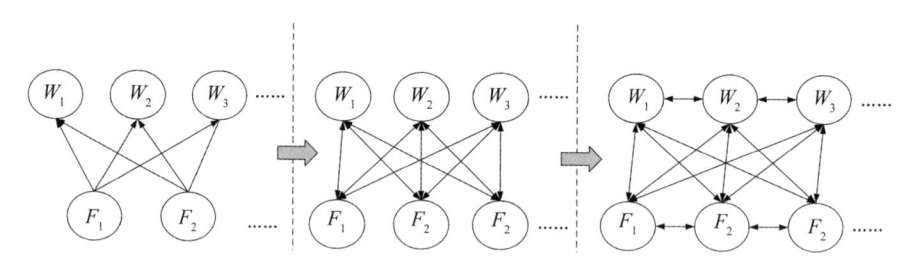

W代表风电产业； F代表金融机构

图4-11 风电产业与金融业耦合系统结构关系的变化

假设耦合系统的要素集合为：$A = \{A_1, A_2, \cdots, A_n\}$，要素权重集合为：$\alpha = \{\alpha_1, \alpha_2, \cdots, \alpha_n\}$，要素间相互关系的集合为：$R = \{R_1, R_2, \cdots, R_m\}$，要素间相互关系的权重集合为：$\beta = \{\beta_1, \beta_2, \cdots, \beta_m\}$。假定系统中所有序对的集合为 $R_i(A_j)$，其涵盖了所有序对的关系，那么要素 A_j 在关系 R_i 上的负熵可以表示为：

$$h(A_j, R_i) = -p[R_i(A_j)] \times \log\{p[R_i(A_j)]\} \quad (4-18)$$

令 K_{ji} 为处于关系 R_i 序对的个数，即要素 A_j 在关系 R_i 上的外延长度。则：

$$p[R_i(A_j)] = \frac{K_{ji}}{n-1} \quad (4-19)$$

式（3-19）中，n 为系统中包含的要素的个数，$n-1$ 则为要素在某种关系上可能的最大外延长度。因为各个要素和关系都存在不同的权重，因此 K_{ji} 可以修正为：$K'_{ji} = \alpha_j \times K_{ji} \times \beta_i$，即权重为 α_j 的要素 A_j 在权重为 β_i 的关系 R_i 上的外延长度。根据公式（4-18）和（4-19），风电产业与金融业耦合系统的结构负熵可以用公式（4-20）表示：

$$h(A_j, R_i) = -\sum_{j=1}^{n}\sum_{i=1}^{n}\frac{K'_{ji}}{(n-1)} \times \log\left[\frac{K'_{ji}}{(n-1)}\right] \quad (4-20)$$

（二）风电产业与金融业耦合系统的熵变

规模熵、速度熵和结构负熵描述了随着风电产业与金融业耦合的规模、速度与耦合结构的变化而产生的系统的熵的变化。为了进一步对风电产业与金融业耦合系统总熵的变化过程及其影响因素进行描述，现构建了风电产业与金融业耦合系统熵变模型，以此来揭示风电产业与金融业相互耦合、相互协调发展的机理。

1. 风电产业与金融业耦合系统熵 S

$$S = S_F + S_P + S_I = f(F,V,t,C) + g(P,V,t,C) + h(I,V,t,C)$$
$$(4-21)$$

其中，S 为风电产业与金融业耦合系统的总熵，S_F 为资源子系统的熵，S_P 为生产子系统的熵，S_I 为创新子系统的熵，f、g 和 h 为熵函数，F 为资源子系统蕴含的信息、能量，P 为生产子系统蕴含的信息、能量，I 为创新子系统蕴含的信息、能量，V 为信息、能量对风电产业与金融业协调性增加及风电产业与金融业耦合系统有序发展的价值，P、F、I、V 都是时间 t 的函数，C 为系统状态变量（常量）。

2. 风电产业与金融业耦合系统总熵变 dS

$$dS = dS_F + dS_P + dS_I \quad (4-22)$$
$$= (d_i S_F + d_e S_F) + (d_i S_P + d_e S_P) + (d_i S_I + d_e S_I)$$

其中，dS 为风电产业与金融业耦合系统的总熵变，dS_F 为资源子系统的熵变，dS_P 为生产子系统的熵变，dS_I 为创新子系统的熵变，$d_i S_F$ 为资源子系统的熵产生，$d_e S_F$ 为资源子系统的熵流，$d_i S_P$ 为生产子系统的熵产生，$d_e S_P$ 为生产子系统的熵流，$d_i S_I$ 为创新子系统的熵产生，$d_e S_I$ 为创新子系统的熵流。

3. 风电产业与金融业耦合系统输入熵 $Q(S)$

为了便于分析，现将风电产业与金融业耦合系统内不同子系统的信息、能量融合起来，换算成相应的促进风电产业与金融业耦合系统效率

提高的价值,定义系统的输入熵 $Q(S)$:

$$Q(S) = Q(S_F) + Q(S_P) + Q(S_I) = \frac{F}{V} + \frac{P}{V} + \frac{I}{V} = \frac{(F+P+I)}{V} \tag{4-23}$$

因为,P、F、I、V 都是时间 t 的函数,现对式(3-23)两边求时间 t 的导数:

$$\frac{dQ(S)}{dt} = \frac{d[(F+P+I)/V]}{dt} = \frac{1}{V}\frac{dF+dP+dI}{dt} - \frac{dV}{V^2}\frac{F+P+I}{dt}$$

$$= \frac{1}{V}\frac{dF}{dt} + \frac{1}{V}\frac{dP}{dt} + \frac{1}{V}\frac{dI}{dt} - \frac{dV}{V^2}\frac{F}{dt} - \frac{dV}{V^2}\frac{P}{dt} - \frac{dV}{V^2}\frac{I}{dt} \tag{4-24}$$

将式(3-24)改写成差分方程的形式:

$$\Delta Q(S) = \frac{1}{V}\Delta F + \frac{1}{V}\Delta P + \frac{1}{V}\Delta I - \frac{\Delta V}{V^2}F - \frac{\Delta V}{V^2}P - \frac{\Delta V}{V^2}I$$

$$= \frac{F_D}{V} - \frac{F_A}{V} + \frac{P_D}{V} - \frac{P_A}{V} + \frac{I_D}{V} - \frac{I_A}{V} - \frac{F}{V}\frac{\Delta V}{V}$$

$$- \frac{P}{V}\frac{\Delta V}{V} - \frac{I}{V}\frac{\Delta V}{V} \tag{4-25}$$

令: $Q(S_F)_D = \frac{F_D}{V}, Q(S_F)_A = \frac{F_A}{V}, Q(S_P)_D = \frac{P_D}{V}, Q(S_P)_A = \frac{P_A}{V},$

$$Q(S_I)_D = \frac{I_D}{V}, Q(S_I)_A = \frac{I_A}{V}$$

则式(3-25)可以转变为:

$$\Delta Q(S) = [Q(S_F)_D - Q(S_F)_A] - Q(S_F)\frac{\Delta V}{V}$$

$$+ [Q(S_P)_D - Q(S_P)_A] - Q(S_P)\frac{\Delta V}{V}$$

$$+ [Q(S_I)_D - Q(S_I)_A] - Q(S_I)\frac{\Delta V}{V} \tag{4-26}$$

其中,A 为初始状态,D 为末尾状态,$[Q(S_F)_D - Q(S_F)_A]$ 是指资源子系统产生的熵,即 $d_i S_F$;$[Q(S_P)_D - Q(S_P)_A]$ 是指生产子系统产生的熵,即 $d_i S_P$;$[Q(S_I)_D - Q(S_I)_A]$ 为创新子系统产生的熵,即 $d_i S_I$;$- Q(S_F)\frac{\Delta V}{V}$ 是资源子系统的负熵流,即 $d_e S_F$;$- Q(S_P)\frac{\Delta V}{V}$ 为生产子系统

的负熵流,即 $d_e S_P$;$-Q(S_I)\dfrac{\Delta V}{V}$ 为创新子系统的负熵流,即 $d_e S_I$。

因此,

$$\Delta Q(S) = (d_i S_F + d_e S_F) + (d_i S_P + d_e S_P) \\ + (d_i S_I + d_e S_I) \quad (4-27)$$

根据申农熵理论进一步推导:

$$d_i S_F = [Q(S_F)_D - Q(S_F)_A] = -C_F \sum_{g=1}^{m} \omega_{Fg} \ln \omega_{Fg} \quad (4-28)$$

式中,C_F 为资源子系统熵系数,g 为资源子系统产生熵增的因素,m 为产生熵增的因素数量,ω_{Fg} 为资源子系统产生熵增的各个因素的权重,$\ln \omega_{Fg}$ 为各个因素产生的熵值。

$$d_e S_F = -Q(S_F)\dfrac{\Delta V}{V} = C_F \sum_{h=1}^{n} \omega_{Fh} \ln \omega_{Fh} \quad (4-29)$$

式中,C_F 为资源子系统熵系数,h 为资源子系统产生负熵的因素,n 为产生负熵的因素数量,ω_{Fh} 为资源子系统产生负熵的各个因素的权重,$\ln \omega_{Fh}$ 为各个因素产生的负熵值。

$$d_i S_P = [Q(S_P)_D - Q(S_P)_A] = -C_P \sum_{i=1}^{o} \omega_{Pi} \ln \omega_{Pi} \quad (4-30)$$

式中,C_P 为生产子系统熵系数,i 为生产子系统产生熵增的因素,o 为产生熵增的因素数量,ω_{Pi} 为生产子系统产生熵增的各个因素的权重,$\ln \omega_{Pi}$ 为各个因素产生的熵值。

$$d_e S_P = -Q(S_P)\dfrac{\Delta V}{V} = C_P \sum_{j=1}^{u} \omega_{Pj} \ln \omega_{Pj} \quad (4-31)$$

式中,C_P 为生产子系统熵系数,j 为生产子系统产生负熵的因素,u 为产生负熵的因素数量,ω_{Pj} 为生产子系统产生负熵的各个因素的权重,$\ln \omega_{Pj}$ 为各个因素产生的负熵值。

$$d_i S_I = [Q(S_I)_D - Q(S_I)_A] = -C_I \sum_{q=1}^{z} \omega_{Iq} \ln \omega_{Iq} \quad (4-32)$$

式中,C_I 为创新子系统熵系数,q 为创新子系统产生熵增的因素,z 为产生熵增的因素数量,ω_{Iq} 为创新子系统产生熵增的各个因素的权重,$\ln \omega_{Iq}$ 为各个因素产生的熵值。

$$d_e S_I = -Q(S_I)\frac{\Delta V}{V} = C_I \sum_{k=1}^{r} \omega_{Ik} \ln \omega_{Ik} \qquad (4-33)$$

式中，C_I 为创新子系统熵系数，k 为创新子系统产生负熵的因素，r 为产生负熵的因素数量，ω_{Ik} 为生产子系统产生负熵的各个因素的权重，$\ln \omega_{Ik}$ 为各个因素产生的负熵值。

结合式（4-22）可以得出：

$$dS = \Delta Q(S) = dS_F + dS_P + dS_I$$
$$= (d_i S_F + d_e S_F) + (d_i S_P + d_e S_P) + (d_i S_I + d_e S_I)$$
$$(4-34)$$

结合第一部分对风电产业与金融业耦合系统熵流的分析可知，$d_i S_F$、$d_i S_P$ 和 $d_i S_I$ 分别为资源子系统、生产子系统和创新子系统的熵增，这些因素会使风电产业与金融业耦合系统趋于瓦解和崩溃，因此，$d_i S_F$、$d_i S_P$ 和 $d_i S_I$ 均大于0。$d_e S_F$、$d_e S_P$ 和 $d_e S_I$ 为风电产业与金融业耦合系统的负熵流，这些因素会使得风电产业与金融业耦合系统有序度增加、效率提高，因此，$d_e S_F$、$d_e S_P$ 和 $d_e S_I$ 均小于0。

三 风电产业与金融业耦合系统的熵变阶段分析

通过上述对风电产业与金融业耦合系统熵变过程的推导分析，可知风电产业与金融业耦合系统必须不断地从外界环境获取各种资金、信息、技术、人力、能量等要素流，以增加系统的负熵流，并努力去克服系统内部产生熵增的各种不利因素，降低系统内部熵增。只有这样，才能保证风电产业与金融业的良性互动，进而推动风电产业与金融业耦合系统持续、稳定、协调地发展，实现风电产业与金融业耦合系统"价值增值"的最终目标。

风电产业与金融业之间交互效应和互补效应的强弱决定了风电产业与金融业之间耦合程度和耦合协调度的强弱，在不同强弱的耦合程度下，风电产业与金融业耦合系统的熵也会不同，熵的大小标志着系统发展的阶段和层次。根据风电产业与金融业之间交互和互补效应的强弱与系统熵的变化，可以将风电产业与金融业耦合系统耦合状态的过程划分为7个不同的发展阶段：无关状态阶段、低度耦合阶段、颉颃阶段、磨合阶段、中度耦合阶段、高度耦合阶段和良性共振耦合阶段。图4-12显示了风电产业与金融业耦合系统的发展阶段，不同发展阶段中系统熵变的情况如表4-2所示。

表4-2　风电产业与金融业耦合系统不同发展阶段的系统熵变

发展阶段	系统熵变	各子系统熵变
无关状态阶段		耦合系统未产生，无系统熵
低度耦合阶段	$\Delta Q(S) > 0$	$dS_F > 0, dS_P > 0, dS_I > 0$
颉颃阶段		$dS_F > 0, dS_P < 0, dS_I > 0$
磨合阶段		$dS_F > 0, dS_P < 0, dS_I < 0$ 且 $|dS_F| > |dS_P + dS_I|$
中度耦合阶段	$\Delta Q(S) < 0$	$dS_F < 0, dS_P > 0, dS_I > 0$ 且 $|dS_F| > |dS_P + dS_I|$
高度耦合阶段		$dS_F < 0, dS_P < 0, dS_I > 0$
良性共振耦合阶段		$dS_F < 0, dS_P < 0, dS_I < 0$

（一）无关状态阶段：耦合系统未产生，无系统熵

在此阶段中，风电产业与金融业之间呈现的是无关状态，这是比较极端的阶段。虽然这一阶段两者之间没有任何关联，但也是两者不断适应、产生相互关联的开始。此时，风电产业与金融业耦合系统并没有产生，也不存在系统的熵高和熵低之说。

（二）低度耦合阶段：$\Delta Q(S) > 0, dS_F > 0, dS_P > 0, dS_I > 0$

在此阶段中，驱动风电产业与金融业耦合的作用力产生，但系统内部有序性还未建立，系统熵值较高。此时，风电产业规模小、技术不成熟、产品单一，缺乏业务记录和财务审计，企业信息封闭，而且又是刚刚涉足的一个新兴产业，其发展过程中将面临许多的不确定性。这一阶段，风电产业的发展远远落后于金融业的发展，难以获得金融体系的认可，风电产业与金融业内各自独立的经济组织之间产生互动的资源较少，与风电产业发展相关的金融业务与产品也只包括少量的政策性金融产品，更谈不上风电产业金融业务和产品的创新。资源子系统、生产子系统和创新子系统的熵都大于0，即其从外界环境输入的负熵难以抵消系统内部产生的熵增。此阶段，风电产业与金融业耦合系统难以协调和有序发展，

为实现系统有序高效发展的目标，风电产业与金融业耦合系统应该采取措施增加负熵流。

（三）颉颃阶段：$\Delta Q(S) > 0$，$dS_F > 0, dS_P < 0, dS_I > 0$

在此阶段中，随着风电产业的快速发展，两者之间出现了相互抗衡的现象。一方面，相对于低度耦合阶段，银行信贷融资、碳金融产品、风险投资、国际金融组织的投资等相应的风电产业融资业务开始显现，使得生产子系统从外界输入的负熵可以抵消内部产生的熵增，即风电产业金融业务和产品正朝着不断丰富的方向发展；另一方面，风电产业还处在发展的初期，相对于其他成熟的产业，其经济价值并没有完全被金融业所认识，金融市场也不够完善，风电产业发展的外源性市场化融资活动还不成熟，风电产业与金融业之间的互动也多是在政府政策与资金的推动下产生的，两者交互的部分较少，使得资源子系统和创新子系统的熵值都大于 0。此阶段中，系统熵值较高，风电产业与金融业还不能有序、协调发展。

（四）磨合阶段：$\Delta Q(S) > 0$，$dS_F > 0, dS_P < 0, dS_I < 0$，且 $|dS_F| > |dS_P + dS_I|$

在此阶段中，风电产业发展的经济与社会价值开始不断被认可，企业规模和信用度也开始相应地提高，金融业开始愿意为这一阶段的风电企业提供资金支持与合作，债券融资、权益性融资等逐渐成为可能，甚至出现了一些针对风电产业发展的创新金融产品，如商业银行的绿色信贷、融资租赁服务等，这使得生产子系统和创新子系统输入了大量的负熵，足以抵消其内部产生的熵增。但是，这一阶段中风电产业整体发展并不成熟，产业中具有带动性的核心企业并没有出现，金融业提供的服务也只限于风电产业内发展较成熟的企业，风电产业与金融业之间并没有大量的互动行为产生，很多中小型风电企业得不倒任何的市场化融资的机会，资源子系统的熵值仍然较高，生产子系统与创新子系统引入的负熵流也不足以将其抵消掉。但是随着磨合的不断加深，两者之间的良性互动就会出现，系统熵值的下降趋势已经出现。

(五) 中度耦合阶段: $\Delta Q(S) < 0, dS_F < 0, dS_P > 0, dS_I > 0$ 且 $|dS_F| > |dS_P + dS_I|$

在此阶段中，风电产业的发展规模在逐步扩大，企业可用于抵押的资产也增加了，并且有了初步的业务记录，企业信息变得透明，企业信用也随之提高，风电企业对于追加投资的需求使得大量的风电企业开始与金融机构产生业务与合作的往来，这使得资源子系统不断从外界输入负熵，抵消其内部产生的熵增。但是随着两者业务合作的增加，使得与风电产业发展相关的金融业务和产品开始出现匮乏感，不足以满足风电产业快速发展的资金需求，这导致生产子系统与创新子系统输入的负熵流不再足以抵消其内部产生的熵增。虽然此阶段中风电产业与金融业耦合系统的熵小于0，系统整体朝着有序的方向在发展，但当风电产业金融相关产品与业务的开发跟不上风电产业快速发展的速度，风电产业与金融业耦合系统从外界环境输入的负熵流逐渐小于系统内部产生的熵增，系统难以保持有序状态，从而影响风电产业与金融业的协调发展。

(六) 高度耦合阶段: $\Delta Q(S) < 0, dS_F < 0, dS_P < 0, dS_I > 0$

在此阶段中，风电产业发展趋于稳定，产业发展进入成熟期，产业内各个企业的业务记录和财务制度都开始趋于完善，管理制度的建设也逐步合理，产业中部分优秀的中小企业也已经成长为大型的成熟企业，市场力量不断增强，此时大多数风电企业的流动资金量比较充足，对银行信贷的债务融资比重开始下降，股权融资的比重开始上升。风电产业成为商业银行的优质融资对象，产业对金融的需求逐渐由融资需求转变为投资需求，金融机构会通过各种金融方式和手段来为风电产业的发展提供支持。这使得资源子系统、生产子系统输入了大量的负熵流，足以抵消其内部产生的熵增。但此阶段中金融机构针对风电企业的特点，为其量身定制相应的资金解决方案和服务方式的创新能力还不足，不足以使创新子系统从外界输入的负熵抵消其内部的熵增。因此，为了保证风电产业与金融业耦合系统可持续的协调发展，应该鼓励和推进与风电产业相关的金融创新业务和产品的开发。

(七) 良性共振耦合阶段：$\Delta Q(S) < 0, d S_F < 0, d S_P < 0, d S_I < 0$

在此阶段中，风电产业与金融业之间的相互作用力最强，系统内部产生的熵增与系统跟外界环境互动时产生的负熵达到了相同的振幅变化，此时系统产生的能量最大，系统内熵值最低，风电产业与金融业耦合系统也达到了一个更高、更有序的层次。

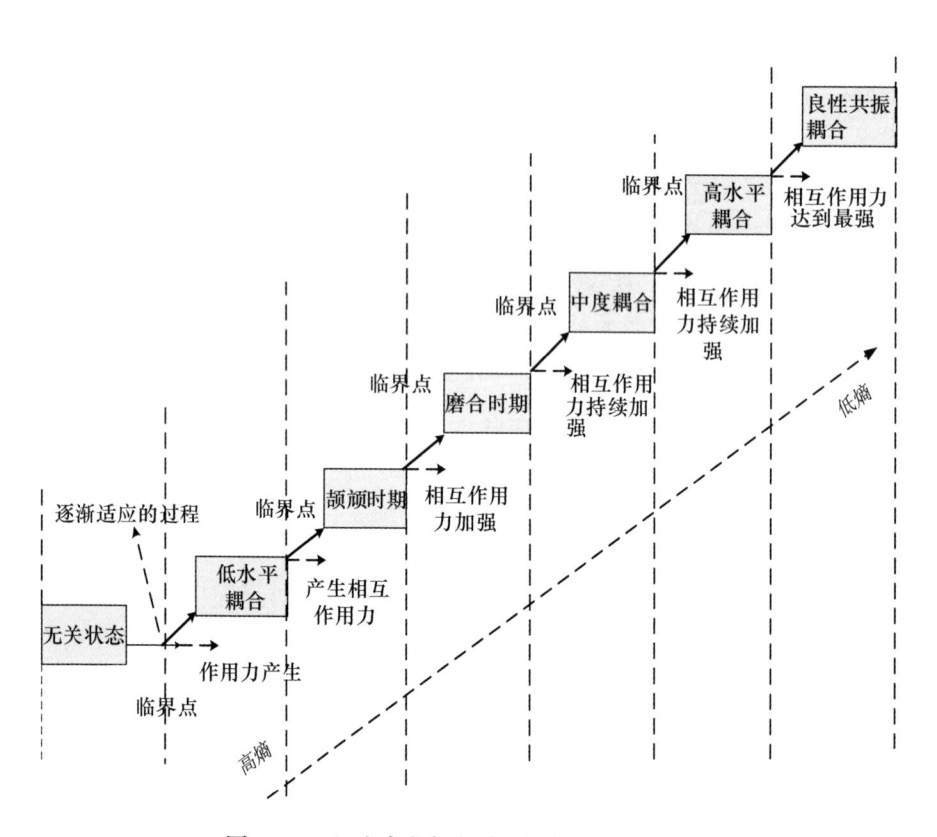

图 4-12 风电产业与金融业耦合系统发展阶段

第四节 本章小结

本章从耗散性和熵变的角度探索了风电产业与金融业耦合系统运行与发展的内在机理。

第一，对风电产业与金融业耦合系统发展的动力机制进行了分析，认为内在动力机制是指通过系统内部各个子系统和各个要素间协调性的不断增强，来促进系统的稳定有序发展，包括：价值动力机制、要素配置优化动力机制、风险分散动力机制；外在动力机制则是指系统外部环境对系统稳定有序发展的作用方式，包括：政策动力机制和市场动力机制。

第二，从耗散结构理论的角度剖析了风电产业与金融业耦合系统的耗散结构特征和失稳机制，认为风电产业与金融业耦合系统是一个不断寻求更高层次有序结构的典型耗散结构系统，在系统达到失稳状态时，轻微的涨落会促使风电产业与金融业耦合系统产生一种更优的耗散结构突变，从而促进耦合系统的有序、协调发展。以此揭示了风电产业与金融业耦合系统不断发展与优化的机理。

第三，从系统熵变的角度进一步揭示了风电产业与金融业耦合系统运行与发展的规律。通过对风电产业与金融业耦合系统进行熵判别，刻画了风电产业与金融业耦合系统的速度熵、规模熵、结构负熵，构建了风电产业与金融业耦合系统的熵变模型，进而通过系统熵的变化探究了风电产业与金融业耦合系统不断协调发展的熵变阶段，得出风电产业与金融业在耦合程度不断加强的过程中，风电产业与金融业的发展潜力增强，规模扩大，风电产业与金融业耦合系统熵值降低，发展趋于协调化。同时，也认识到为建立一个有序发展的风电产业与金融业耦合系统，促进风电产业与金融业价值增值效应的产生，应该减少和消除各类不利于风电产业与金融业协调发展的因素，即减少熵增，并保障外界环境尽可能多地向系统输入负熵流。

第五章

风电产业与金融业耦合系统的"SD-协调度"评价模型构建

第一节 系统评价目的与评价模型设计

一 系统评价目的

系统理论认为，系统内各个组成要素之间在特定的相互作用关系的基础上所体现出的质和量上的协调程度决定了系统目标实现程度上的区别。现实中，系统在发展的过程中，因为各个组成要素之间协调程度的不同，可以产生多种运行态势，每一种运行态势都存在不同量度的系统输入与输出，同时也决定了系统目标实现的程度。

为了了解风电产业与金融业耦合系统在发展过程中的不同态势和不同态势下系统内各个组成要素间的协调程度以及系统目标的实现程度，本书从三个方面对风电产业与金融业耦合系统的协调发展进行了评价：（1）风电产业与金融业耦合系统目标实现程度：风电产业与金融业产值增长程度；（2）风电产业与金融业耦合系统规模：风电产业与金融业耦合系统耦合度；（3）风电产业与金融业耦合系统协调程度：风电产业与金融业耦合系统协调度。

二 "SD-协调度"评价模型

基于风电产业与金融业耦合系统评价的目的，本书在评价模型的设计上应该充分考虑到对评价目的的全面性涉及。因为系统的协调发展涉及长期性和周期性的问题，对其进行评价的模型应该具有长期推算和预测的功能，基于此，本书选取具有推算与预测功能的系统动力学评价方法，建立风电产业与金融业耦合系统的动力学模型，通过对系统结构的仿真模拟，对不同阶段下风电产业与金融业产值进行预测并进行政策仿真，以此反映风电产业与金融业耦合系统在不同阶段的目标实现程度与不同政策下目标实现程度的变化。

由于利用系统动力学模型无法测算出风电产业与金融业耦合系统的耦合度与耦合协调度，为了进一步对风电产业与金融业耦合系统的规模和协调程度进行评价，本书在系统动力学模型的基础上，利用系统动力学模型的输出指标，选取耦合系统的耦合协调度评价模型对风电产业与金融业耦合系统的协调发展程度进行了进一步的评价，从而构建了风电产业与金融业耦合系统的"SD-协调度"评价模型。"SD-协调度"评价模型如图5-1所示。

利用"SD-协调度"评价模型对风电产业与金融业耦合系统进行评价与政策仿真的步骤如下。

（一）历史评价

风电产业与金融业耦合系统的目标实现程度以风电产业与金融业产值的历史值进行评价；利用协调度评价模型，选取协调度评价指标的历史值，对风电产业与金融业耦合系统的耦合度 C 和耦合协调度 D 进行历史评价。

（二）评价预测

利用 SD 模型对风电产业与金融业产值进行预测，反映风电产业与金融业耦合系统的目标实现程度的未来趋势；利用 SD 模型输出的协调度评价指标预测值，输入协调度评价模型，测算出风电产业与金融业耦合系统的耦合度 C 和耦合协调度 D 的预测值。

（三）政策仿真

设计不同政策仿真情景，利用 SD 模型输出不同政策情景下协调度评价指标值，输入协调度评价模型，测算出不同政策情景下风电产业与金融业耦合系统的耦合度 C 和耦合协调度 D。

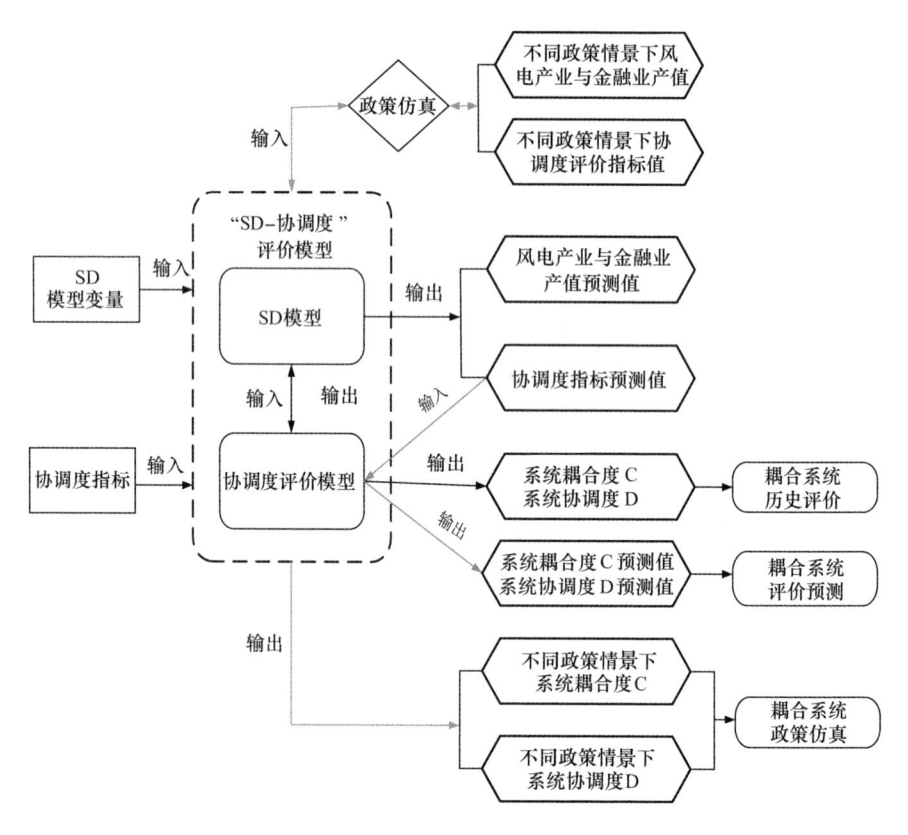

图 5-1 "SD-协调度"评价模型

第二节 风电产业与金融业耦合系统的 SD 模型构建

一 系统动力学概述

（一）系统动力学基本原理

系统动力学（system dynamics，SD）由美国麻省理工学院福瑞斯特（J. W. Forrester）教授于1956年创立。其是一门以系统科学为理论基础，研究信息反馈系统的学科，也是一门认识系统问题和解决系统问题的交叉性、综合性学科。系统动力学模型的建立是基于系统论的分析方法，通过明确研究对象系统的边界以及剖析系统的主要因素与相互联系，划分子系统，从而明确系统的结构。在明确系统结构与系统设定目标之后，构建系统的仿真模型，并对模型实施各种不同的政策方案，通过计算机仿真来展示不同政策方案下系统的宏观行为，从而帮助决策者选择最优的行为方案。因此，系统动力学被誉为社会经济系统的"政策实验室"。

系统动力学可以借助计算机模拟技术来处理高阶次、非线性、多重反馈、复杂时变的系统问题，通过对系统动态行为的分析，来预测系统的发展趋势。因此，其已经成为研究复杂大系统发展规律的理想方法。系统动力学研究处理复杂系统的方法是定性和定量研究的综合，将定性研究作为先导，定量研究作为支撑；系统动力学强调的是系统的、整体的观点以及联系的、发展的和动态的观点，易于解决社会系统中存在的反馈、时滞和非线性的问题，是研究半定量、趋势性问题的有效工具。

根据对系统动力学基本原理的分析可知，系统动力学的研究对象是开放系统，强调的是系统与外界环境的相互作用关系，其认为系统的模式与特征主要由系统的动态结构与反馈机制来决定。其运用计算机仿真技术能有效地将复杂系统信息反馈的控制原理与因果关系的逻辑分析结合起来，从而研究复杂系统的内部结构，建立系统的仿真模型，并对建立的系统仿真模型实施不同的政策方案，展示出系统趋势性的宏观行为，以寻求解决问题的正确途径。而动态开放系统的发展正是由系统内外部驱动力共同作用导致的系统结构、状态等的改变，在发展的过程中也会随着信息的传导和反馈机制，具有明显的系统动力学特征。因此，运用系统动力学方法可以有效地对复杂系统的发展过程以及发展过程中的动态反馈进行分析。

(二) 系统动力学建模步骤

1. 系统动力学建模的原则

系统动力学模型的构建是为了模拟真实的系统，因此要能够真实地反映实际情况，但因为实际统计资料的缺失，系统动力学模型在构建时可以根据客观实际情况进行抽象总结，只要模型能够帮助探索系统的结构及其行为的演化，可以允许输出数值与实际数值之间出现一定范围的误差。据此，系统动力学模型构建的主要原则包括如下几个方面。

第一，在对系统结构进行分析时，应该充分考虑到系统的复杂性，对系统内部结构进行准确的分析。

第二，建模前应该弄清模型构建的目的和模型构建需要解决的关键问题。在模型构建时应该将主要关注点放在要素之间的相互作用关系上，而不是要素本身。

第三，系统的动力学模型构建需要解决的并非系统的全部问题，而仅需要解决当前的问题，因此，在模型构建时应该有所取舍和侧重，无须对客观实际进行完全的复制。

第四，系统动力学模型构建的核心问题就是通过对现实情况的模拟仿真，来提供切实可行的解决方案。因此，一个恰当的优化方案才是模型构建是否成功的关键，无须在系统构建时过分追求完美。

2. 系统动力学建模的基本步骤

系统动力学模型是一个分解综合、循环反复逐渐达到目的的过程，此过程包括：模型整体结构、子系统、主要变量、反馈回路的构思；系统变量的结构和数学描述；模型模拟调试、再构思与再提炼等一系列环节。其解决问题的基本步骤包括如下几步。

（1）系统结构分析

系统分析是系统动力学解决问题的第一步。此阶段的主要任务是运用系统动力学理论和方法对研究对象进行全面和系统的了解。通过调查收集相关统计数据，来了解模型构建的目的和要求，分析系统的基本问题和主要问题、基本矛盾和主要矛盾、变量与主要变量，并进一步确定内生变量、外生变量和输入量，然后确定系统行为的参考模式。

（2）系统因果关系分析

此阶段的主要任务是分析系统总体与局部的反馈机制，描述系统有关因素，解释各因素之间的内在关系，画出因果关系图，划分系统的层次与子块。重点在于分析系统整体的与局部的反馈关系、反馈回路，估计系统的主导回路及其性质与动态转移的可能性，通过观察反馈环的相互制约关系，制定控制系统的政策，分析系统的变量、变量间关系，定义变量，确定变量的种类及主要变量，确定回路及回路间的反馈耦合关系，初步确定系统的主要回路及它们的性质，分析回路随时间转移的可能性。

（3）创建系统流图与结构方程式

此阶段的主要任务是运用定量的规范分析创建系统流图和建立描述变量间相互作用关系的结构方程式。这也是系统动力学模型构建的关键步骤，关系到后续模型的检测与仿真。系统流图是系统动力学的基本变量和表示符号的有机组合，其使得系统内部的作用机制更加清晰明确。建立规范的系统动力学结构方程则要明确系统中的状态、速率、辅助变量和建立主要变量之间的数量关系，依据所要研究系统的主要问题，找出它们之间的相互影响，建立定量关系式，并设计各非线性表函数和确定、估计各类参数，给所有 N 方程、C 方程与表函数赋值。

（4）模型有效性检测与评估

此阶段主要是对创建好的模型进行有效性检测和评估，以进一步了解系统的结构并获得更多的信息。而且在检测的过程中如果发现新的问题，可以立即对模型实施进一步的修改。

（5）模型的模拟仿真

以系统动力学的理论为指导进行模型模拟与政策分析，进而更深入地剖析系统的问题，凭借不断地改变实验方案，展开反复实验，寻找解决问题的决策，探索最适当的系统结构以及行为，并对真实活动展开相关的政策研究。

二 风电产业与金融业耦合系统因果关系分析

系统动力学的分析基础是明确系统变量间的因果关系，其目的在于了解系统的因果机制、结构机制，以此来描述系统的行为。系统动力学使用 Vensim 软件，通过分析各个要素间的动态反馈关系并在计算机上实现系统动力学的因果关系图。因果关系可以用联结因果要素的因果键来描述，因果键是有指示方向的有向边，因果键的箭头指向结果要素，箭尾指向原因要素，因果键普遍具有递推性，用因果键对因果关系加以联结，就得到了因果链。因果链代表着作用与反作用的相互关系：原因引起结果，而结果又作用于形成原因的起始环境，使原因再产生变化，从而又产生不同的结果，以此形成了因果关系的反馈回路。在一个复杂的系统中，这种反馈回路并不是单一的，而是多重存在的。本书借助这一思想，得到了风电产业与金融业耦合系统各个子系统以及由此构成的系统整体的因果关系图。

（一）资源子系统因果关系

资源子系统主要变量由进入风电产业与金融业耦合系统的资本、技术、人力三类变量构成。

资本类变量包括：（1）系统主体要素风电企业与金融机构之间因为相关业务活动而产生的资金流，主要涉及金融机构给予风电企业的资金投入支持，风电企业回馈给金融机构的利息、报酬等。（2）外生要素政府部门给予的财政补贴产生的资金交流。（3）风电企业与金融机构同外生要素科研机构之间因为业务合作而产生的资金流。（4）来自系统以外的资金，如社会储蓄和民间资本。系统主要要素间通过资金交流的过程产生了相应的因果关系。

技术类变量包括：（1）风电企业与金融机构在业务与产品开发合作上所涉及的相关技术。（2）外生要素科研机构与高校对风电企业与金融机构发展提供的技术支持。系统内外要素间通过技术的交流同样产生了相应的因果关系。

人力类变量包括：（1）风电企业因为金融机构资金支持而产生的人力增加与人才素质的提高。（2）金融机构因为与风电企业的业务合作而逐步增加的服务与技术人员。（3）外生要素科研机构与高校给予的技术人才支持。系统内外要素间通过人力资源的交流同样产生了相应的因果关系。

根据资源子系统变量间因果关系的分析，结合风电产业与金融业耦合系统子系统的分析，可以构建风电产业与金融业耦合系统动力学模型的资源子系统因果关系图。结果如图5-2所示。

（二）生产子系统因果关系

生产子系统主要变量由风电产业产值、金融业产值、国内生产总值（GDP）、风电产业金融业务（产品）以及对其产生影响的相关因素构成。

对风电产业产值产生影响的因素包括：风电产业资金投入、风电产业市场需求、风电产业发展政策、金融业产值以及风电产业金融业务

第五章 风电产业与金融业耦合系统的"SD-协调度"评价模型构建 / 117

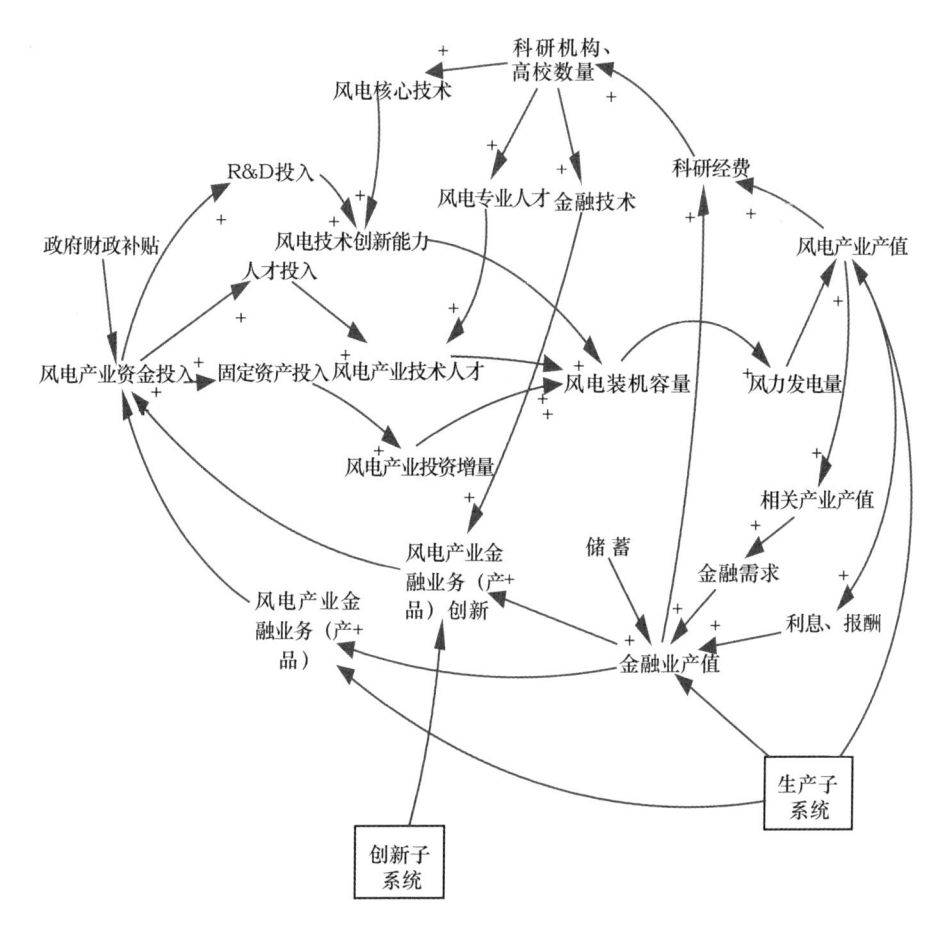

图 5-2 资源子系统因果关系图

（产品）为其带来的产值增值。

对金融业产值产生影响的因素包括：市场机制健全、金融需求、风电产业产值以及风电产业金融业务（产品）为其带来的产值增值。

对国内生产总值（GDP）产生影响的因素包括金融业产值与风电产业产值。

对风电产业金融业务（产品）产生影响的因素包括风电产业产值增加和市场机制健全所带来的风电产业金融需求的增长。

根据生产子系统变量间因果关系的分析，结合风电产业与金融业耦合系统子系统的分析，可以构建风电产业与金融业耦合系统动力学模型的生产子系统因果关系图。结果如图 5-3 所示。

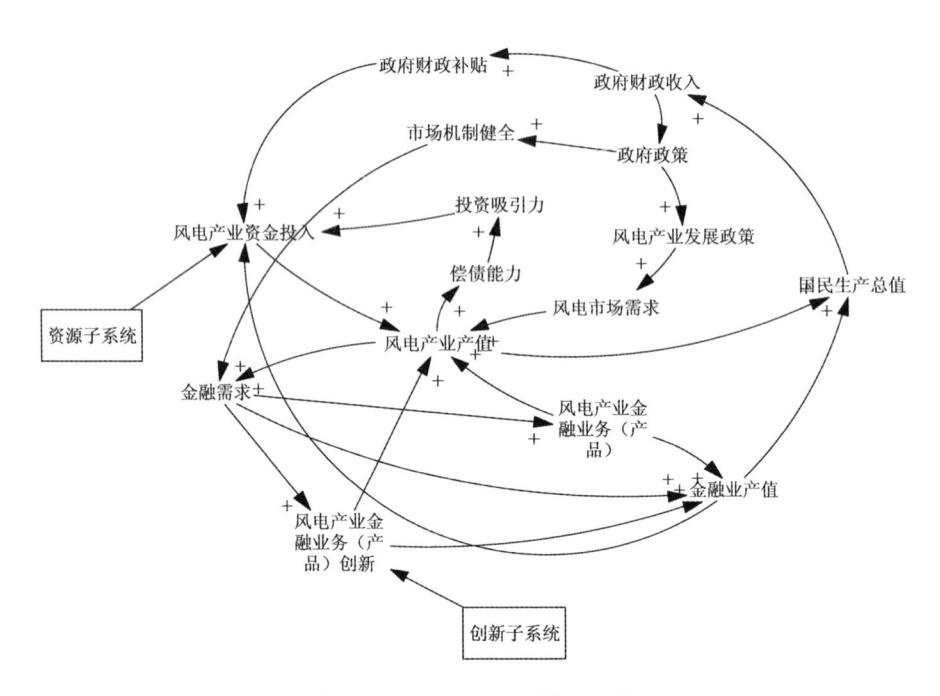

图 5-3　生产子系统因果关系图

（三）创新子系统因果关系

创新子系统主要变量由风电产业金融业务创新、风电产业金融产品创新以及与其具有相关性的因素构成。其中，风电产业产值增长带来的金融需求增加产生了更多对风电产业金融业务（产品）创新的需求，但这种创新行为会对金融业的安全性、盈利性和流动性产生影响，从而影响到金融业对风电产业的资金投入，进而造成风电产业产值的变化。

根据创新子系统变量间因果关系的分析，结合风电产业与金融业耦合系统子系统的分析，可以构建风电产业与金融业耦合系统动力学模型的创新子系统因果关系图。结果如图 5-4 所示。

（四）风电产业与金融业耦合系统因果关系

在风电产业与金融业耦合系统分析的基础上，以前述各个子系统因

第五章 风电产业与金融业耦合系统的"SD-协调度"评价模型构建 / 119

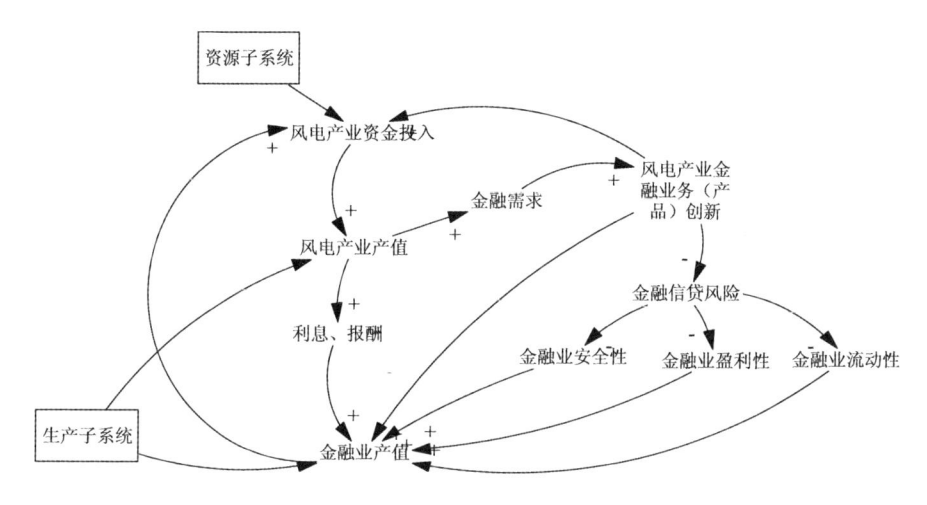

图 5-4 创新子系统因果关系图

果关系分析为基本依据，结合各个子系统变量体系的设定，利用系统动力学 Vensim PLE 软件绘制出如图 5-5 所示的风电产业与金融业耦合系统因果关系图。

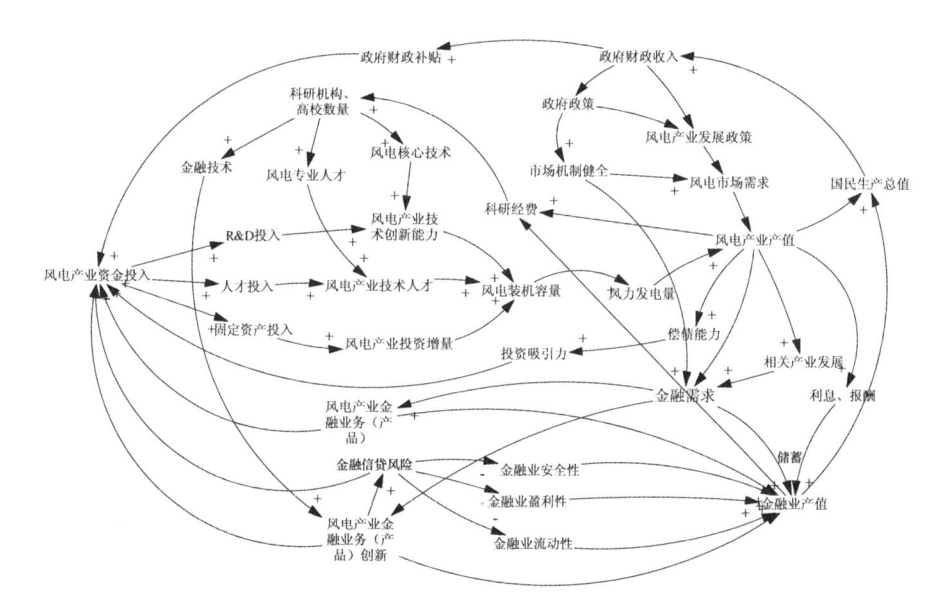

图 5-5 风电产业与金融业耦合系统因果关系图

在风电产业与金融业耦合系统因果关系图中，仅给出了部分变量的相关作用关系，并未给出系统动力学模型的积量与流量图。由于风电产业与金融业相关样本数据的采集存在困难，原始风电产业与金融业耦合系统动力学模型变量可能面临替代与再次修订的问题。因此，风电产业与金融业耦合系统动力学模型的积量与流量图在确定样本数据后绘制。

三 风电产业与金融业耦合系统 SD 模型流图与参数设定

（一）数据主要来源与整理

系统动力学变量模型的运行是建立在对大量数据分析的基础上的，其分析和解决问题的前提是模型自身运算数据的真实性、准确性和稳定性，这将直接对模型最终的模拟结果产生影响。因此，应该保证数据来源的真实性和数据整理的准确性与稳定性。

1. 数据主要来源

风电产业相关数据分别来源于：施鹏飞及其团队编制的 2007—2015 年《中国风电场装机容量统计》、全球风电协会（GWEC）、中国风电协会（CWEA）、同花顺 iFinD 资讯数据库以及北极星风力发电网。

金融业相关数据主要来源于：2007—2015 年《中国统计年鉴》、《中国金融统计年鉴》、银监会发布的《中国银行业发展趋势报告》以及中国证券业协会发布的《证券公司经营数据》。

2. 样本数据整理

因为金融业涉及众多的行业，与风电产业产生资金关联的行业较多，限于数据的局限性，本书对金融业相关数据的整理以发展较为成熟的银行业与证券业数据为主要依据，而且目前中国风电产业的资金来源也主要依靠银行信贷与证券市场股票融资。因此，以银行业和证券业数据代表金融业发展的数据具有可行性。

在对风电产业产值数据进行整理时，是以其年等效满负荷发电量和平均上网电价进行计算的，并没有考虑到每年因"弃风"[①] 而产生的风力

---

① "弃风"是指由于电网接纳能力不足、风电场建设工期不匹配和风电不稳定等自身特点导致的部分风电场风机暂停的现象。

发电机利用时间的减少，一方面是因为"弃风"小时数的数据相对零散，难以收集；另一方面是因为随着风电并网技术的不断完善，"弃风"问题对风电产业产值的影响将不断被削弱。因此"弃风"问题并不是影响本书模型构建的主要因素，可以不予考虑。

（二）SD 模型变量与系统流图

基于上述样本数据采集与整理结果，结合实证模型变量需求，对风电产业与金融业耦合系统的基本模型的变量体系进行了整理（见表 5-1）。

表 5-1　风电产业与金融业耦合系统动力学模型变量

变量性质	变量名称	变量单位
水平变量	国内生产总值	亿元
	风电产业产值	亿元
	金融业利润	亿元
	银行业利润	亿元
	证券业利润	亿元
速率变量	GDP 增加值	亿元
	风电产业增加值	亿元
	金融业利润增量	亿元
	银行业利润增量	亿元
	证券业利润增量	亿元
辅助变量	金融业促进作用	%
	风电产业促进作用	%
	风电装机容量增量	千瓦
	技术创新投入	亿元
	固定资产投入	亿元
	资本总投入	亿元
	银行信贷投入	亿元
	股票市场投入	亿元
	企业投入	亿元
	财政收入	亿元
	财政补贴	亿元
	负债额度	亿元
	利息收入	亿元
	佣金、报酬	亿元

续表

变量性质	变量名称	变量单位
参数	上网电价	元/千瓦时
	风电年度发电小时数	小时
	财政收入占GDP比例	%
	银行利率	%
	佣金比率	%
	再投资比例	%
	负债比例	%
	调节因子	Dmnl
	经济自然增长系数	Dmnl
	政策因子	Dmnl
	财政补贴率	Dmnl

基于风电产业与金融业耦合系统动力学模型及表 5-1 基础模型主要变量，对风电产业与金融业耦合系统动力学模型进行进一步修订，得到如图 5-6 所示的风电产业与金融业耦合系统 SD 模型流图。

(三) SD 模型参数设定

1. 参数估计

风电产业与金融业耦合系统模型研究中涉及众多参数，有些很难确定。在模型调试中，参数选择工作与模型运行结合起来进行。本节所建立系统动力学模型的主要参数以实际样本、理论分析与推断为基础，进行试验确定。其中，以实际样本为基础的变量直接确定，以理论分析或逻辑推断确定的变量均需通过模拟试验进一步确定。本节采用的主要参数估值方法如下。

(1) 直接确定法。在本节研究中，对于水平变量的初始值主要采用直接赋值的方法。

(2) 回归法。鉴于经济辅助变量通常没有直接的数据来源，对于此类经济辅助变量以相关理论与实证研究成果为基础，采用回归分析方法进行分析确定。本节所有计量经济学分析均采用 Eviews 8.0 软件运算。

(3) 平均值法。对于部分随时间变化不显著的参数，依据尽量简化模型的原则，均取平均值作为常数值，如财政收入占 GDP 比例、风力发

第五章　风电产业与金融业耦合系统的"SD-协调度"评价模型构建 / 123

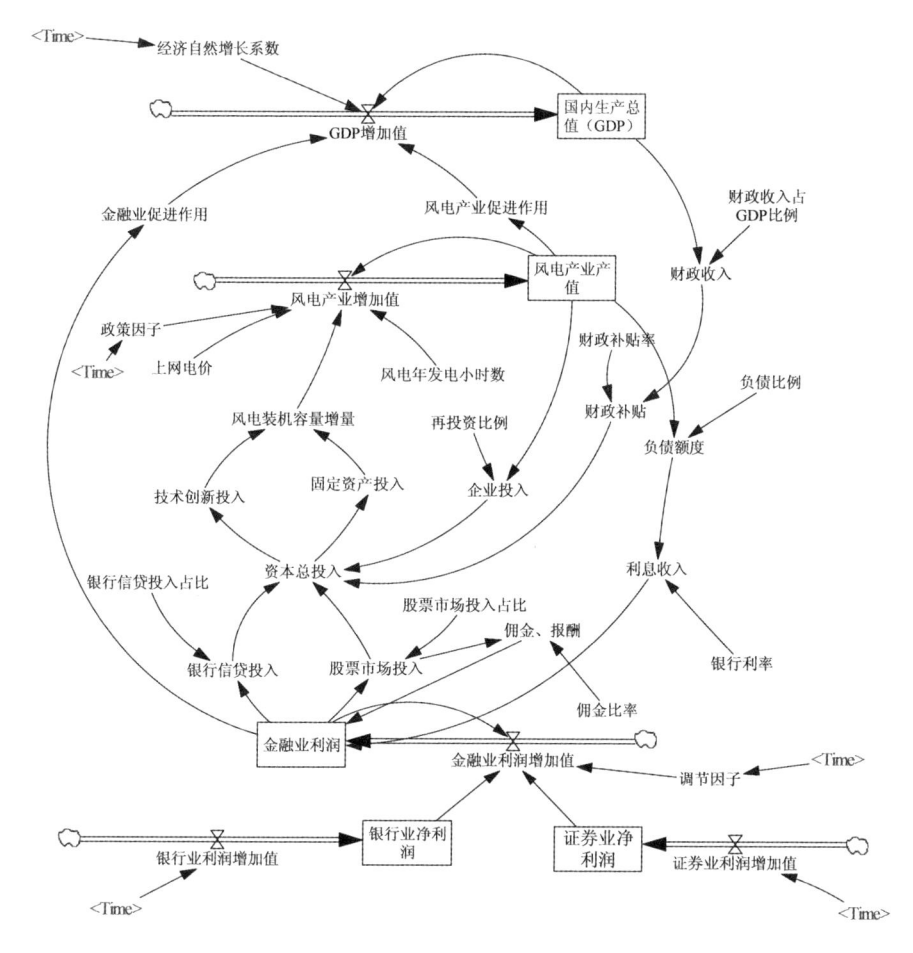

图 5-6　风电产业与金融业耦合系统 SD 流图

电电价等。部分数据缺乏直接数据支撑，采用类比历年数据通过模拟分析确定。

（4）逻辑推断法。在经济模型运行过程中，有些经济变量的初始值在运用了以上几种赋值方法仍不能达到本书的需要，对于这些经济变量则根据统计年鉴中统计数据进行分析并经模型反复运行后推算确定。

2. 初始值与主要参数设定

需要直接设定初值的变量包括 GDP、风电产业产值、金融业利润、银行业利润等水平变量。初值由《中国统计年鉴》《中国金融统计年鉴》调查整理数据中直接提取指定。具体设定如表 5-2 所示。

表 5-2　风电产业与金融业耦合系统动力学模型水平变量初值设定

变量	初始值	单位
GDP	270232	亿元
风电产业产值	66.9781	亿元
金融业利润	5774	亿元
银行业利润	4467	亿元
证券业利润	1307	亿元

说明：表中数据的初始年份为 2007 年。

模型中需要设定的主要参数中上网电价、财政收入占 GDP 比率、银行利率、再投资比例和财政补贴率等，采用 2007—2015 年样本数据均值确定。对于部分参数如经济自然增长系数、政策因子和调节因子等则以表函数方式赋值。部分参数设定过程中采用逻辑推断法确定。表 5-3 给出了主要参数设定值。

表 5-3　风电产业与金融业耦合系统动力学模型主要参数初值设定

变量	参数值	确定方法
上网电价	0.54 元/千瓦时	均值
财政收入占 GDP 比例	2100 小时	均值
银行利率	4.9%	均值
佣金比率	0.2%	均值
再投资比例	12%	均值
负债比例	6.5%	均值
财政补贴率	0.06%	均值

3. 主要方程的建立

在风电产业与金融业耦合系统动力学模型的方程设定过程中，以经济学相关理论为基础，结合相关文献研究成果建立理论模型，然后采用计量经济学方法进行回归检验。本节仅给出风电装机容量增量和风电产业产值增量方程。其检验结果如下。

（1）风电装机容量增量

风电产业产出除了以产值为主要评价指标外，也以风电装机容量为常用的产业产出指标。根据经济增长理论,产业产出是以人力资源投入、技术投入和固定资产投入为基础的。鉴于风电产业从业人员数据严重缺失,无法采用通常的生产函数方法分析。本书仅使用风电技术创新投入和固定资产投入作为自变量对风电产业装机容量增量函数进行计量经济学分析。得到如下方程:

方程:ln(风电装机容量增量) = -1.73674e + (-1.73674e +6) + 370427 * ln(技术创新投入) +8039.64 * ln(固定资产投入)

方程拟合度:R - squared = 0.995400

(2)风电产业增加值

风电产业增加值根据风电产业发展特点和盈利模式为依据进行方程归纳,得到如下方程(其中政策因子以表函数方式赋值):

方程:风电产业增加值 = (上网电价 * 风电年发电小时数 * 风电装机容量增量) / (e +8) +政策因子 * 风电产业产值

方程拟合度:R - squared = 0.999159

风电装机容量增量与风电产业增加值的回归方程拟合结果如图 5 - 7 和图 5 - 8 所示。

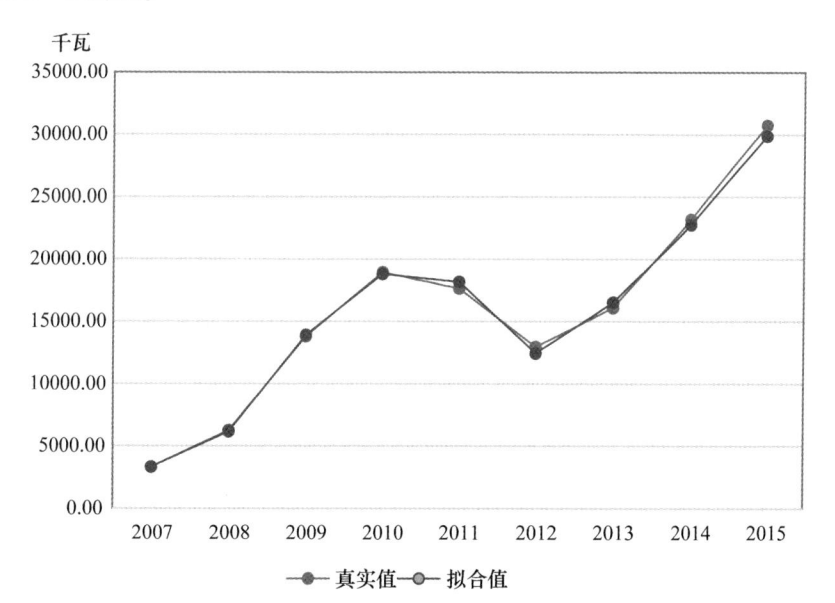

图 5 - 7 风电装机容量增量回归方程拟合结果

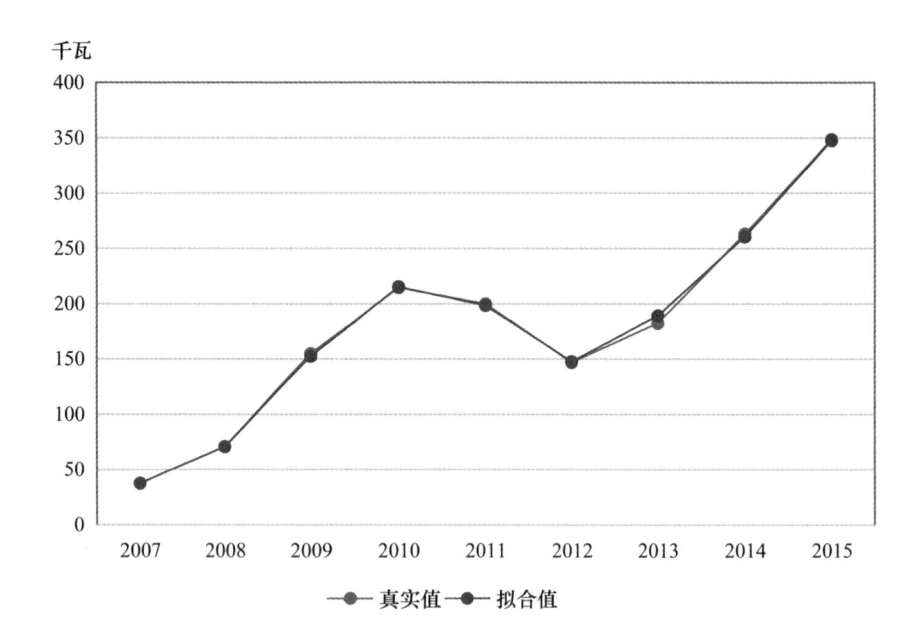

图 5-8 风电产业增加值回归方程拟合结果

四 风电产业与金融业耦合系统 SD 模型检验

为保证用于进行模型仿真模拟的风电产业与金融业耦合系统动力学模型的可靠性和有效性，需要首先对该模型进行量纲一致性测试和心智模型测试。本书系统动力学模型的检验与仿真工作均基于仿真软件 Vensim© PLE 6.3 版本进行。

（一）量纲一致性测试

通过对系统动力学模型各变量关系的进一步分析，确定模型参数之间的因果关系合理。在对变量量纲进行逐一检查基础上，对系统动力学模型进行量纲一致性测试。结果表明系统动力学模型量纲一致。

（二）心智模型测试

系统动力学模型的心智模型测试是以历史数据为依据，通过比对系统仿真结果与历史数据来判断模型仿真结果是否合理。心智模型测试结果可以反映出系统动力学模型是否合理，能否真实地反映系统的主要特征。如果一个模型的仿真结果不能与实际系统的历史数据相拟合，该模型是不可信的。反之，如果模型的仿真结果与系统历史数据拟合度较高，则说明模型是可信的。对可信度较高的模型进行模拟，可以较好地反映出真实系统的运行情况，取得良好的研究结果。

表5-4所示主要参数心智模型测试结果表明，所建立的风电产业与金融业耦合系统动力学模型仿真结果与历史真实数据偏差较小。模型中选择的国内生产总值（GDP）、风电产业产值和金融业利润三个水平变量的模拟值与历史值之间的误差均小于5%，模型可信度较高。

表5-4　　　　风电产业与金融业耦合系统动力学模型
主要参数心智模型测试结果

年份	GDP 亿元 仿真值	GDP 亿元 历史值	GDP % 误差	风电产业产值 亿元 仿真值	风电产业产值 亿元 历史值	风电产业产值 % 误差	金融业利润 亿元 仿真值	金融业利润 亿元 历史值	金融业利润 % 误差
2007	270232	270232	0.0	66.978	66.978	0.0	5774	5774.0	0.0
2008	322380	319515	0.9	137.786	137.813	-0.02	6329.6	6316.0	0.21
2009	362723	349081	3.19	290.201	292.632	-0.83	7553.7	7617.0	-0.83
2010	413306	413030	0.07	505.639	507.276	-0.32	9491.6	9775.0	-2.9
2011	466999	489300	-4.56	734.212	707.210	3.82	12922	12893.9	0.22
2012	518515	540367	-4.04	832.795	854.176	-0.25	15304.7	15429.3	-0.81
2013	572873	595244	-3.76	1037.75	1036.622	0.11	17538.5	17840.5	-1.69
2014	627122	643974	-2.62	1277.55	1299.665	-1.70	20004.0	20265.5	-1.29
2015	680914	689052	-1.18	1594.52	1648.405	-3.27	22484.7	22447.6	0.17
均值	470562	478866	-1.73	719.715	727.864	-1.12	13044.7	13151.0	-0.81

系统动力学模型心智模型测试的一个重要角度是判断仿真数据与真实数据的趋势一致性。为更简便地识别风电产业与金融业耦合系统动力学模型心智模型测试的趋势一致性结果，将主要仿真结果与真实数据绘制成如图5-9至图5-11比对图，结果表明主要仿真结果与真实数据的时间变化趋势相符合。

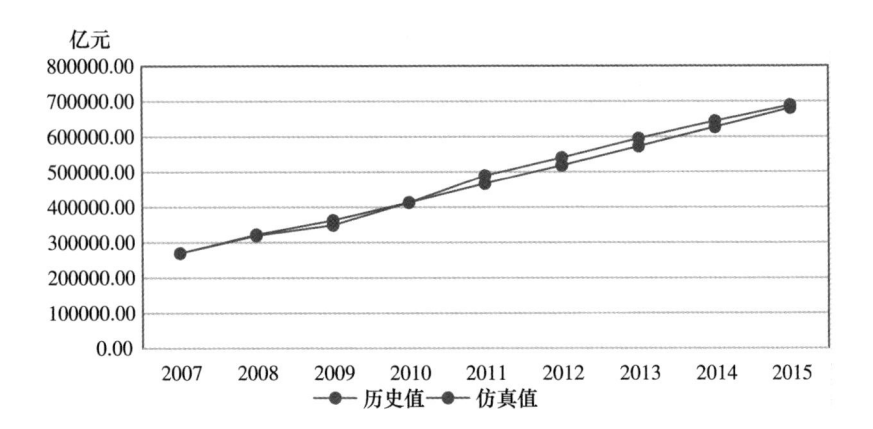

图 5-9　风电产业与金融业耦合系统动力学模型 GDP 心智模型测试结果

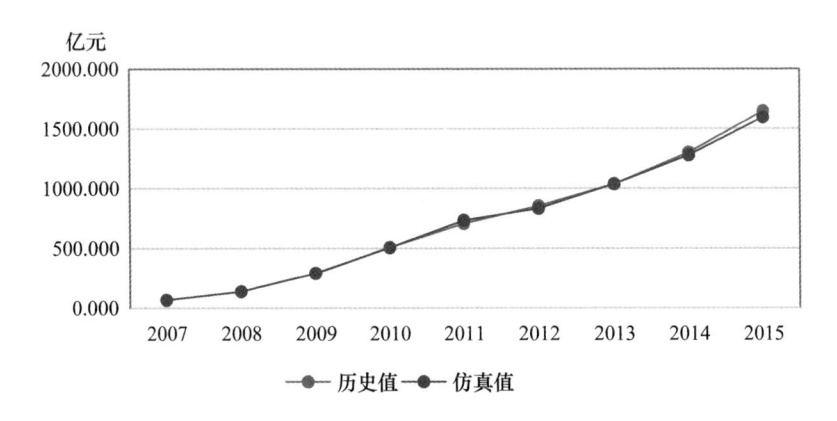

图 5-10　风电产业与金融业耦合系统动力学模型风电产业产值心智模型测试结果

综合上述系统动力学模型、心智模型测试结果，可知本书构建的风电产业与金融业耦合系统动力学模型对历史数据仿真效果良好。可以认为该模型通过了心智模型测试，可以用于对风电产业与金融业耦合系统进行政策情景仿真。

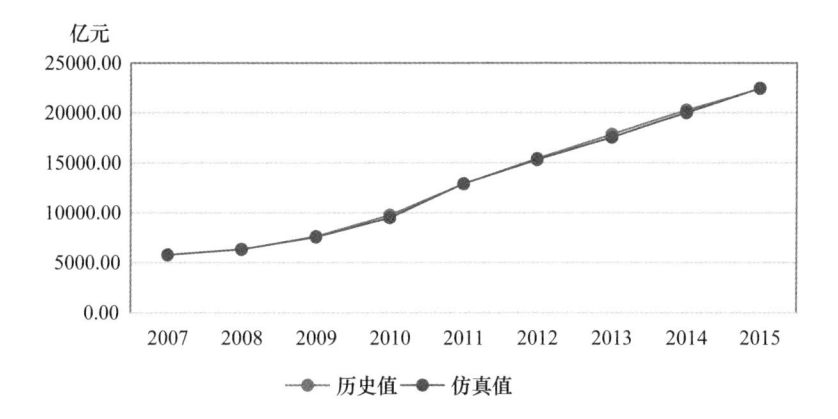

图 5 - 11　风电产业与金融业耦合系统动力学模型金融业利润心智模型测试结果

第三节　风电产业与金融业耦合系统协调度模型构建

基于风电产业与金融业耦合系统的特性，本书分别从中国风电产业与金融业耦合系统的耦合度及耦合协调度两个方面对风电产业与金融业耦合系统进行测度与评价。

一　耦合系统评价与测度模型梳理

对耦合系统的评价，国内外学者多从对耦合系统的耦合度和耦合协调度的测算角度去评价耦合系统的协同程度，即刻画和测算耦合系统的耦合度和耦合协调度。本节对耦合系统协调度的测算方法进行了梳理，表5 - 5对这些模型的计算公式、过程和特征进行了梳理。

（一）基于功效系数法的系统耦合协调度测算

以协同论为主要观点，通过构建系统协调度函数来计算系统序参量对系统有序度的功效系数。该模型简单易行，可以从不同的侧面对系统的不同序参量进行计算。因此，很多学者都以此方法对系统耦合的协调度进行测算。例如，吴跃明利用此方法对环境—经济耦合系统的协调度进行了测算。但是该方法对指标选取的要求较高，只有选取合理的指标才能准确反映各个变量对系统有序度的功效,并且因为在实际操作中很多变量对系统有序度的功效是通过临界点上序参量的上下限值求得的,会影响评价结果的稳定性。

表 5-5　　　　　　　　耦合系统评价与测度模型梳理

评价模型	测度公式	模型特征
功效系数法	线性加权法协调度函数: $$C = \sum_{i=1}^{n} W_i U_A(u_i)$$ 几何平均法协调度函数: $$C = \sqrt[n]{\prod_{i=1}^{n} U_A(u_i)}$$ 式中,A 为耦合系统的稳定区域,$U_A(u_i)$ 为变量 u_i 对系统有序度的功效,通过临界点上序参量的上下限值求得	模型简单易行,但对指标体系选取的要求较高
变异系数法	耦合系统协调度函数: $$C = \left\{ \frac{f(X)g(Y)}{[f(X)+g(Y)/2]^2} \right\}^k$$ 耦合系统协调发展函数: $$D = \sqrt{C \times T}$$ 式中,$f(X)$、$g(Y)$ 分别表示两个子系统的综合评价函数。$T = \alpha f(X) + \beta g(Y)$,$T$ 为综合评价指数,α 和 β 为待定权重	模型原理清晰简单,但同样对指标选取的准确度要求较高
多变量综合法	耦合系统协调度函数: $$C = \alpha C_1 + \beta C_2 + \gamma C_3$$ 式中,C_1、C_2 和 C_3 为子系统指标体系,α、β 和 γ 为待定系数,即指标权重	模型简单易懂,重点是对指标重要性进行赋权,但参照指数确定不一致,可比性差
灰色理论	动态协调发展模型: $$x^{(0)}_1(k) + \frac{a}{2}[x^{(1)}_1(k) + x^{(1)}_1(k-1)] = b_2 x^{(1)}_2(k) + b_3 x^{(1)}_3(k) + \Delta + b_m x^{(1)}_m(k)$$ 式中,b 为反映各个指标相对于系统协调发展作用的系数,$x^{(0)}_i$ 为数列原始初值,$x^{(1)}_i$ 为累加成而生成的数列	模型简单易懂,对样本量的大小、数据的分布类型及变量之间的相关性无特殊要求

续表

评价模型	测度公式	模型特征
DEA 模型	①确定评价单元，选取输入输出指标 ②以子系统 U_1 的各个指标作为输入，子系统 U_2 的各个指标作为输出，计算出 U_1 对 U_2 的协调度 ③以子系统 U_2 的各个指标作为输入，子系统 U_1 的各个指标作为输出，计算出 U_2 对 U_1 的协调度 ④利用隶属度公式计算两个系统之间的协调度	方法简单易懂，但输入输出指标的选取对结果影响较大，适合对关联性较高的系统间协调度的评价
时间序列动态变化法	耦合系统绝对协调度：$$CC_a = \omega \sqrt{\left\| \prod_{j=1}^{2}(Ci - C0_j) \right\|}$$ 式中，$\omega = \dfrac{\min\{Ci_j - C0_j \neq 0\}}{\|\min\{Ci_j - C0_j \neq 0\}\|}$，$j = 1, 2$；$C0_j$ 为初始 t_0 时刻子系统 j 的序参量有序度；Ci_j 为 t_i 时刻子系统 j 的序参量有序度。 耦合系统相对协调度：$$CC_r = \dfrac{(Ct+1_1 - Ct_1)/Ct_1}{(Ct+1_2 - Ct_2)/Ct_2}$$ 式中，Ct_j 为 t 时刻子系统 j 的有序度，$Ct+1_j$ 为 $t+1$ 时刻子系统 j 的有序度	因为考虑因素较多，所以运算复杂，且对指标的连续性要求高

（二）基于变异系数法的系统耦合协调度测算

变异系数法又被称为"离散系数法"，其运用了数理统计的方法，通过比较计算出的变异系数与协调系数之间的变异程度来反映出不同子系统间的协调程度。该方法利用的是各项指标所包含的信息，通过计算得到指标的权重，是一种客观赋权的方法。因此，该方法具有原理清晰、模型简单且客观性较强的特性，其在对耦合系统协调度的测算上一直被广泛应用。例如，杨士弘等就用变异系数法对中国环境系统与经济系统的协调度进行了实证分析，并且对实证分析结果进行了协调度等级分类。张林等则运用变异系数法对中国金融发展与科技创新的系统耦合协调度进行了实证研究。该方法原理虽然简单，但指标的选取要准确，且具有代表性。

（三）基于多变量综合法的系统耦合协调度测算

多变量综合法又被称为指数综合加成法，其是通过数理统计的方法将多个评价指标转换为能够反映系统整体情况的综合指标来进行评价的。具体步骤是：首先构建评价各个子系统协调性的指标体系，然后利用因子分析法、层次分析法等数理统计的方法计算出各个子系统的协调发展指数，最后按照各个子系统被赋予的权重计算出综合指数，即协调度。该方法简单易懂，重点是对指标重要性进行赋权，如李华等就运用该方法确定了中国经济、资源、人口与环境子系统的指标体系，并运用层次分析法对各个子系统指标体系进行了赋权，从而得出了指标体系的综合指数。但因为各个子系统参照指数的不一致，使得该方法可比性和广泛适用性较差。

（四）基于灰色理论的系统耦合协调度测算

灰色理论适用于对信息比较贫乏的系统进行研究。对于社会、经济等系统来说，因为随机干扰因素较多，我国学者陈静、曾珍香等认为社会、经济等系统之间的协调度也存在很大的灰色性，可以将灰色系统理论应用到对系统之间协调发展的评价中。利用该方法，童藤构建了金融创新与科技创新耦合系统的耦合测度模型，以此对金融创新与科技创新的耦合度进行了实证分析。灰色理论的优点在于对样本量的大小、数据的分布类型及变量之间的相关性无特殊要求。

（五）基于 DEA 模型的系统耦合协调度测算

数据包络分析法（Date Envelopment Analysis）是根据多项投入指标和多项产出指标，利用线性规划的方法，对具有可比性的同类型单位进行相对有效性评价的一种数量分析方法，其一直被广泛地应用到对系统效率的评价中。该模型将两个系统分别作为对方的投入或者产出，分别计算出两个系统之间的协调程度，然后通过隶属度公式计算两个系统相互之间的协调度。该模型简单易懂，利用软件就可操作。难点是对输入和输出指标的选取，这直接决定了最后的实证结论。但是因为该方法是将一个系统作为投入要素计算另一个系统因为该投入而产出的效率，因此适合对紧密度更高的系统之间进行协调度效率评价，即两个系统之间的投入产出要素可以相互渗透。所以，该方法并不适合对本书中风电产业与金融业这样两个异质性产业的协调度进行评价。

（六）基于时间序列动态变化法的系统耦合协调度测算

序列动态变化法的优点在于其基于纵向时间序列对比的维度综合考虑到了系统随时间变化的动态过程，从而将系统协调度划分为绝对协调度和相对协调度两个部分对系统协调度进行评价。例如，寇晓东、薛惠锋等利用该方法对西安市经济与环境系统的协调度进行了协调度分析。但因为该方法考虑的因素较多，所以运算复杂，且对指标的连续性要求高，因此，在实际运用中难度较高。

二 风电产业与金融业耦合系统的耦合测度模型

综合以上对耦合系统评价方法的梳理，根据评价对象的特点，以及评价模型的特性和数据的可获得性，本书选用变异系数法建立风电产业与金融业耦合系统的协调评价模型，以此对风电产业与金融业耦合系统的耦合度及耦合协调性进行测度与评价。

耦合度是衡量系统或者要素之间相互影响作用程度的指标。协同学认为，系统或者要素间耦合的程度决定了系统在达到临界区域时由无序走向有序的趋势。系统在相变点处的内部变量包括了快弛豫变量和慢弛豫变量两种类型，其中慢弛豫变量即系统的序参量，其决定着系统相变的进程。系统内序参量之间的协作程度是决定系统由无序走向有序的关键，而耦合度正是对这种协同程度的度量。风电产业系统与金融业系统通过各自的耦合元素彼此产生影响的程度即为风电产业与金融业耦合系统的耦合度，系统耦合度越高说明风电产业系统与金融业系统产生交互的部分越多，因此，系统耦合度反映了耦合系统的规模。系统耦合度测度模型如下。

（一）功效函数

功效函数反映了各个子系统对总系统有序度的贡献，风电产业与金融业耦合系统有序度的功效函数 u_{ij} 可以表示为：

$$u_{ij} = \begin{cases} \dfrac{(X_{ij} - \beta_{ij})}{\alpha_{ij} - \beta_{ij}} & u_{ij} \text{ 具有正功效} \\ \dfrac{(\alpha_{ij} - X_{ij})}{\alpha_{ij} - \beta_{ij}} & u_{ij} \text{ 具有负功效} \end{cases} \quad (5-1)$$

式中,u_i 为风电产业与金融业耦合系统中第 i 个子系统的综合序参量,u_{ij} 则为第 i 个子系统的综合序参量的第 j 个指标,其值为 $X_{ij}(j = 1,2,\cdots,n)$,α_{ij} 和 β_{ij} 为系统稳定临界点序参量的上、下限值,即 $\alpha_{ij} = max(X_{ij})$,$\beta_{ij} = min(X_{ij})$。因为 u_{ij} 反映了各个指标 X_{ij} 对系统功效的贡献度大小,$u_{ij} = 0$ 时为最不满意,$u_{ij} = 1$ 时为最满意,所以,$u_{ij} \in [0,1]$。

子系统内各个序参量的有序程度的总贡献可以通过集成方法来实现,可以采用线性加权法来测度:

$$u_i = \sum_{j=1}^{n} \lambda_{ij} u_{ij}, \lambda_{ij} \geq 0 \quad (5-2)$$

$$\sum_{j=1}^{n} \lambda_{ij} = 1$$

式中,u_i 为子系统对总系统有序度的贡献,λ_{ij} 为各个序参量的权重。

(二) 耦合度函数

借鉴物理学中容量耦合的概念以及容量耦合系数模型,可以得到多个系统相互作用的耦合度函数:

$$C_n = \{(u_1 \times u_2 \Delta \times u_n) / [\prod (u_1 + u_2)]\} 1/n, C \in [0,1] \quad (5-3)$$

风电产业与金融业耦合系统包含有风电产业与金融业两个子系统,因此,$n = 2$。u_1 代表风电产业系统的综合序参量,u_2 代表金融业系统的综合序参量。那么风电产业系统与金融业系统两个子系统耦合度模型可以表示为:

$$C = \{(u_1 \times u_2) / [(u_1 + u_2) \times (u_1 + u_2)]\} 1/2, C \in [0,1] \quad (5-4)$$

根据耦合理论,并借鉴相关研究,本书将耦合系统的类型划分为六类:当 $C = 0$ 时,耦合度最小,风电产业与金融业之间处于无关状态;当 $0 < C \leq 0.3$ 时,风电产业与金融业耦合系统的发展处于低水平耦合阶段;当 $0.3 < C \leq 0.5$ 时,风电产业与金融业耦合系统的发展处于颉颃阶段;当 $0.5 < C \leq 0.8$ 时,风电产业与金融业耦合系统的发展处于磨合阶段;当 $0.8 < C \leq 1$ 时,风电产业与金融业耦合系统的发展处于高水平耦合阶

段；当 $C=1$ 时，耦合度最大，风电产业与金融业之间达到了良性共振耦合。如表 5-6 所示。

表 5-6　风电产业与金融业耦合系统的耦合度及耦合阶段判断

耦合度取值范围	耦合阶段
$C=0$	风电产业与金融业之间处于无关状态
$0<C\leqslant 0.3$	耦合系统的发展处于低水平耦合阶段
$0.3<C\leqslant 0.5$	耦合系统的发展处于颉颃阶段
$0.5<C\leqslant 0.8$	耦合系统的发展处于磨合阶段
$0.8<C\leqslant 1$	耦合系统的发展处于高水平耦合阶段
$C=1$	耦合系统的发展处于良性共振耦合阶段

三　风电产业与金融业耦合系统的耦合协调度模型

耦合度是反映风电产业系统与金融业系统耦合程度的重要指标，但是仅靠耦合度很难反映出风电产业与金融业耦合系统的整体功效和协同效应，因为即使发展水平较低的两个子系统之间的耦合度也可能会很高，因此还需要构造风电产业与金融业耦合系统的耦合协调度函数来判断整个系统的协调程度。协调是指系统在发展的过程中，各个子系统以及构成要素中的差异部分在组成一个统一整体时所体现出来的协调一致和相互配合的属性，而耦合协调度正是对这种协调一致程度的衡量。风电产业与金融业耦合系统的协调度越高，说明耦合系统的效率越高。系统耦合协调度模型如下：

$$\begin{cases} D = (C \times T)1/2 \\ T = a u_1 + b u_2 \end{cases} \quad (5-5)$$

式中，D 表示系统的耦合协调度，$D \in [0,1]$；C 表示系统的耦合度；T 表示系统的综合协调指数，反映的是系统整体的协同效应；a 和 b 为待定系数，需要根据各个子系统的重要性来加以确定，本书在实证过程中，考虑到中国风电产业与金融业发展的实际情况，因此取 $a=0.4$，$b=0.6$。

根据耦合理论和实际情况，本书将风电产业与金融业耦合系统的耦合协调度划分为六个类型：当 $0<D\leqslant 0.2$ 时，表明风电产业与金融业耦

合系统处在严重失调状态。此时风电产业发展水平较低,金融业发展也较缓慢,两者之间相互促进的作用较弱。当 $0.2 \leq D < 0.3$ 时,表明风电产业与金融业耦合系统处在轻度失调状态。此时虽然风电产业在快速发展,但金融业对其的支持力度不够,两者之间的相互作用有待进一步挖掘。当 $0.3 \leq D < 0.4$ 时,表示风电产业与金融业耦合系统处在低度协调状态。此时,风电产业与金融业都进入了快速发展期,但两者之间进行沟通的渠道还需要进一步拓展,两者之间并没有形成良性的协调耦合关系。当 $0.4 \leq D < 0.5$ 时,表明风电产业与金融业耦合系统处在中度协调状态。此时,针对风电产业发展的金融政策和融资政策越来越完善,使得推动两者耦合的外部驱动机制越来越强。同时,随着风电产业的快速发展,其经济社会价值得到了普遍的认识,风电产业与金融业之间基于价值增值耦合的内部驱动机制也越来越强,针对风电产业发展的金融产品和业务在不断涌现,两者之间开始了良性耦合。当 $0.5 \leq D < 0.8$ 时,表明风电产业与金融业耦合系统处在高度协调状态。此时风电产业与金融业耦合系统进入了良性耦合阶段,风电产业与金融业在资金供求的匹配上、信息的共享上以及风险的分散上都达到了协调的状态。当 $0.8 \leq D \leq 1$ 时,表明风电产业与金融业耦合系统处在极度协调状态。该阶段是耦合系统达到的最佳状态,风电产业与金融业之间达到了深度协调,两个系统之间达到了良性共振耦合,风电产业与金融业相互支持,达到共赢。风电产业与金融业耦合系统耦合协调度的判别标准如表5-7所示。

表5-7 风电产业与金融业耦合系统的耦合协调度及判别标准

协调度取值范围	协调程度判别
$0 < D \leq 0.2$	严重失调
$0.2 < D \leq 0.3$	轻度失调
$0.3 < D \leq 0.4$	低度协调
$0.4 < D \leq 0.5$	中度协调
$0.5 < D \leq 0.8$	高度协调
$0.8 < D \leq 1$	极度协调

四 协调度评价指标体系构建与权重设定

（一）评价指标体系构建

基于前文对风电产业与金融业耦合系统的内涵、特性与结构的分析，可知风电产业与金融业的发展状况以及两者的协调程度是决定风电产业与金融业耦合系统发展与效率的关键，因此，本书从反映风电产业与金融业发展状况的指标来对风电产业与金融业耦合系统进行评价。

在金融业发展评价指标的选取上，主要包括：从技术水平、市场成长性、组织管理能力和投入产出的角度进行金融发展评价指标选取；从金融发展规模、金融发展结构和金融发展效率的角度进行金融发展评价指标选取；从政策金融市场发展与市场金融发展的角度进行金融发展评价指标选取。

在风电产业发展评价指标选取上，主要包括：从技术创新的角度进行风电产业技术发展评价指标选取；从风电新增装机量、风电新增发电量和单位千瓦风机价格的角度进行风电产业发展规模评价指标选取；从经济可持续、生态可持续和社会可持续的角度进行风电产业发展效益评价指标选取；从风电产业市场机构、市场行为、市场绩效和市场环境的角度进行风电产业发展竞争力评价指标选取。

根据上述对金融业发展评价指标和风电产业发展评价指标的多角度梳理，结合风电产业与金融业耦合系统SD模型的变量选取，并考虑到SD模型相关辅助参量数据的缺失，本书从风电产业发展规模与风电产业技术创新能力两个维度选取了风电产业产值、风电产业新增装机容量、风电产业技术创新投入三个指标作为风电产业发展水平的评价指标；从金融业发展规模与金融业结构两个维度选取了金融业利润、银行业利润占比和证券业利润占比三个指标作为金融业发展水平的评价指标。评价指标体系及其说明见表5-8所示。

表 5-8　　　　风电产业与金融业耦合系统评价指标体系

子系统序参量	一级指标	二级指标	指标说明
风电产业 u_1	风电产业发展规模	风电产业产值	直接反映了风电产业发展的规模，间接说明了风电产业与金融业耦合系统的目标实现程度。单位为亿元，正向指标
		风电产业新增装机容量	反映的是风电系统在一个统计年度内新增加的发电机组装机量，直接反映了风电产业的发展规模与潜力。单位为 MW，正向指标
	风电产业技术创新能力	风电产业技术创新投入	反映的是一个统计年度内风电产业用于基础研究和应用研究的经费投入情况。单位为亿元，为正向指标
金融业 u_2	金融业发展规模	金融业利润	直接反映了金融业发展的规模，利润越大，表明金融业活跃度越高，同时也间接说明了风电产业与金融业耦合系统的目标实现程度。单位为亿元，正向指标
	金融业结构	银行业利润占比	反映了金融市场上直接融资的结构，单位为%，正向指标
		证券业利润占比	反映了证券市场的活跃程度，单位为%，正向指标

（二）指标权重设定

1. 指标体系数据来源

考虑到数据的可得性和风电产业发展的规律，本书选用了 2007—2015 年 9 年间风电产业与金融业的指标数据来对风电产业与金融业耦合系统进行评价与政策仿真，这对提升耦合系统效率、推进风电产业与金融业的协调发展具有一定的指导意义。风电产业发展的相关数据分别来源于施鹏飞及其团队历年编制的《中国风电场装机容量统计》、全球风电协会（GWEC）、中国风电协会（CWEA）、同花顺 iFinD 资讯数据库以及北极星风力发电网。金融业发展的相关数据主要来源于《中国统计年鉴》、《中国金融统计年鉴》、银监会发布的历年《中国银行业发展趋势报告》以及中国债券信息网。

2. 指标体系数据标准化处理

因为指标的属性不同，所以在计算时应该对指标数据进行标准化处理，当指标为正向指标时：

$$x_{ij}' = [x_{ij} - \min(x_j)/\max(x_j) - \min(x_j)] \quad (5-6)$$

当指标为负向指标时：

$$x_{ij}' = [\max(x_j) - x_{ij}/\max(x_j) - \min(x_j)] \quad (5-7)$$

式（5-6）和式（5-7）中，x_{ij}' 为指标数据标准化处理后的数值；$\max(x_j)$ 为第 j 个指标数值中的最大值；$\min(x_j)$ 为第 j 个指标数值中的最小值。

3. 评价指标权重设定

本书借用熵值法对各个指标进行权重赋予。熵值法能够反映出指标信息熵值的效用价值，该方法具有客观性强、不受主观因素影响的特点，适合对多元指标进行综合评价。熵值法确定指标权重的步骤如下。

第一步，构建原始指标数据矩阵：假定有 m 个待评价的方案，n 个评价指标，那么原始数据矩阵可以表示为：

$$x = \begin{vmatrix} x_{11} & x_{12} & \cdots & x_{1n} \\ x_{21} & x_{22} & \cdots & x_{2n} \\ \vdots & \vdots & & \vdots \\ x_{m1} & x_{n2} & \cdots & x_{mn} \end{vmatrix} = \{x_{ij}\}_{m \times n} \quad (5-8)$$

其中，$0 \leq i \leq m$，$0 \leq j \leq n$，x_{ij} 为第 i 个评价方案的第 j 个指标的值。

第二步，计算第 j 个指标下第 i 个待评价方案占该指标的比重。定义一个标准化的矩阵：$p = \{x_{ij}'\}_{m \times n}$，其中，$P_{ij}$ 为第 i 个年份第 j 个指标值的比重，可以表示为：

$$P_{ij} = \frac{x_{ij}'}{\sum_{i=1}^{m} x_{ij}'} P_{ij} \in [0,1] \quad (5-9)$$

第三步，计算各个评价指标的信息熵，公式如下：

$$e_j = \left(-\frac{1}{\ln m}\right) \sum_{i=1}^{m} (P_{ij} \times \ln P_{ij}) \quad (5-10)$$

第四步，计算各个评价指标信息熵的冗余度，公式如下：

$$g_j = 1 - e_j \qquad (5-11)$$

第五步,确定各个评价指标的权重,公式如下:

$$\omega_i = \frac{g_j}{\sum_{j=1}^{n} g_j} \qquad (5-12)$$

第四节 本章小结

本章结合系统动力学模型和耦合系统协调度模型构建了风电产业与金融业耦合系统的"SD-协调度"评价模型。

第一,通过对风电产业与金融业耦合系统评价目的的确定,对系统的评价模型进行了设计:确定结合系统动力学模型和耦合系统协调度模型为综合评价模型对风电产业与金融业耦合系统进行评价。

第二,运用系统动力学理论与方法构建了风电产业与金融业耦合系统动力学模型,其中包括对风电产业与金融业耦合系统动力学模型因果关系的分析、对风电产业与金融业耦合系统动力学模型结构流图的绘制、模型参数的设定以及模型的检测。

第三,构建了风电产业与金融业耦合系统协调度模型,包括了系统耦合度测度模型和系统耦合协调度模型。并对协调度评价指标进行了选取和权重设定。

第六章

风电产业与金融业耦合系统评价与政策情景仿真

第一节　风电产业与金融业耦合系统评价

基于第五章构建的风电产业与金融业耦合系统的"SD – 协调度"评价模型,利用第四章第三节选定的风电产业与金融业耦合系统协调度评价指标体系,本书分别从系统发展的历史评价与预测评价两个角度对风电产业与金融业耦合系统进行了评价。

一　风电产业与金融业耦合系统的历史评价

本节分别从风电产业与金融业耦合系统评价目的的三个方面对风电产业与金融业耦合系统在2007—2015年的发展状况进行评价。

（一）耦合系统目标实现程度评价

风电产业与金融业耦合系统的最终目标是实现风电产业与金融业的价值增值。因此,本书选取风电产业产值与金融业利润两个指标对风电产业与金融业耦合系统的历史发展进行目标实现程度评价。2007—2015年中国风电产业与金融业发展情况如表6-1和图6-1所示。

从表6-1和图6-1可以看出,2007—2015年风电产业产值与金融业利润增长虽然存在一定的波动,但整体上呈现出逐年上升的趋势,表明中国风电产业与金融业均发展良好,处于持续上升的状态。这说明2007—2015年中国风电产业与金融业对风电产业与金融业耦合系统的目标实现表现为持续的拉动趋势，这也为风电产业与金融业的进一步耦合协调发展奠定了基础。

表6-1 2007—2015年中国风电产业与金融业耦合系统目标实现程度

（单位：亿元）

年份	风电产业产值	金融业利润
2007	66.98	5774.00
2008	137.81	6316.00
2009	292.63	7617.00
2010	507.28	9775.00
2011	707.21	12893.90
2012	854.18	15429.30
2013	1036.62	17840.47
2014	1299.66	20265.54
2015	1648.40	22447.63

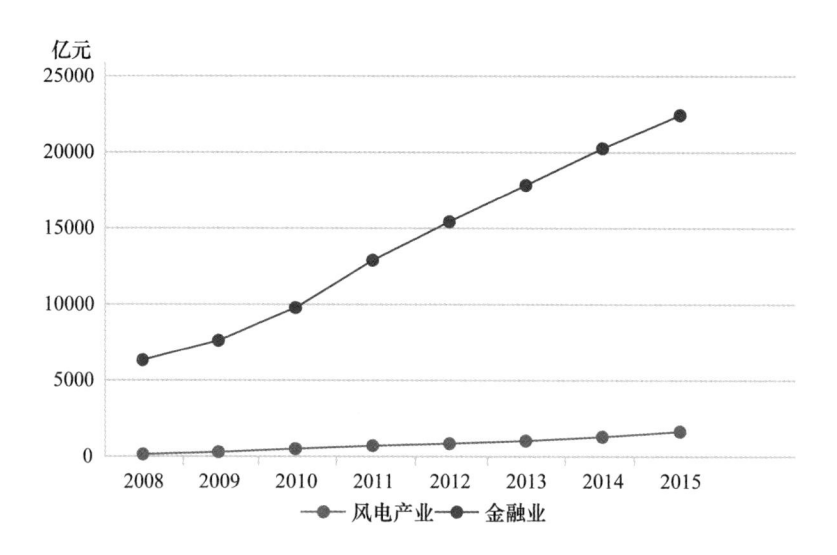

图6-1 2007—2015年中国风电产业与金融业耦合系统目标实现程度的变化趋势

（二）耦合系统耦合度评价

根据系统耦合度测算模型，测算出2007—2015年中国风电产业与金融业耦合系统的耦合度 C，结果如表 6-2 所示。根据对表 6-2 中计算结果的分析可以得出以下结论：中国风电产业与金融业间的耦合度整体偏低，计算周期内两者的耦合度处在 0.4—0.5 之间，根据耦合阶段的取值分析，两者还处在颉颃阶段，表明在 2007—2015 年中国风电产业与金融业之间并未形成良性互动的耦合机制。

表 6-2　　2007—2015 年中国风电产业与金融业耦合系统耦合度

年份	耦合度 C	耦合阶段
2007	0.4153	颉颃阶段
2008	0.4572	颉颃阶段
2009	0.4967	颉颃阶段
2010	0.4867	颉颃阶段
2011	0.4999	颉颃阶段
2012	0.4977	颉颃阶段
2013	0.4989	颉颃阶段
2014	0.4975	颉颃阶段
2015	0.4956	颉颃阶段

图 6-2 显示了 2007—2015 年 K 国风电产业与金融业耦合系统耦合度的变化趋势，从中可以看出，除了在 2010 年两者之间的耦合度出现了轻微的下降外，风电产业与金融业耦合系统的耦合度都在逐年上升，从 2007 年的 0.4153 上升到了 2015 年的 0.4956。主要原因在于：一方面，由于风电产业的快速高效发展，风电产业产值从 2007 年的不足 100 亿元上升到 2015 年的 1648.40 亿元，说明风电产业整体的竞争力在不断的增加，其影响力也在逐渐增加，对金融业的吸引力也越来越大。另一方面，金融业的发展水平也在逐步增加，金融业利润从 2007 年到 2015 年增长了近 3 倍。说明风电产业发展所处的金融环境越来越好，风电产业与金融业之间产生交互的职能与业务越来越多，金融业为风电产业发展开发了更多的风电产业金融产品。随着耦合系统耦合度的不断增强，风电产业与金融业耦合系统的边界会逐渐扩大，耦合系统的规模也会随之扩张。

图 6-2 2007—2015 年中国风电产业与金融业耦合系统耦合度变化趋势

(三) 耦合系统协调度评价

根据系统耦合协调度模型,计算出风电产业与金融业耦合系统的耦合协调度 D,结果如表 6-3 所示。根据对表 6-3 中计算结果的分析可以得出以下结论:2007—2009 年,中国风电产业与金融业耦合系统的耦合协调度 D 大于 0.2 小于 0.3,根据前文对耦合协调度的划分类型来看,2007—2009 年我国风电产业与金融业耦合系统处于轻度失调状态。2010—2014 年,风电产业与金融业耦合系统的耦合协调度 D 大于 0.3 小于 0.4,根据前文对耦合协调度的划分类型来看,2010—2014 年风电产业与金融业耦合系统处于低度协调状态。进入 2015 年,风电产业与金融业耦合系统之间的耦合协调度 D 大于 0.4 小于 0.5,根据前文对耦合系统协调度的划分类型来看,在 2015 年中国风电产业与金融业耦合系统处于中度协调状态。在 2015 年,中国风电产业继续保持着强劲的增长势头,全年风电发电量达到了 1863 千瓦时,占全部发电量总和的 3.3%,风力发电已经成为新能源领域中技术最成熟、最具开发规模和商业化前景的产业之一。因此,针对增强风电产业融资能力的措施和政策法规也越来越完善,风电产业与金融业耦合系统的效率也逐渐增强。

表6-3　　2007—2015年中国风电产业与金融业耦合系统协调度

年份	耦合协调度 D	耦合协调类型
2007	0.2531	轻度失调
2008	0.2633	轻度失调
2009	0.2996	轻度失调
2010	0.3580	低度协调
2011	0.3367	低度协调
2012	0.3438	低度协调
2013	0.3734	低度协调
2014	0.3805	低度协调
2015	0.4078	中度协调

图6-3显示了2007—2015年中国风电产业与金融业耦合系统耦合协调度的变化趋势，从中可以看出，除了在2011年风电产业与金融业耦合系统的耦合协调度出现了轻微的下降外，中国风电产业与金融业耦合系统的耦合协调度呈现出逐年上升的态势，从2007年的0.2531上升到了2015年的0.4078。主要原因在于：一方面，从2007年到2015年风电产业与金融业的产值与利润都在逐年上升，保障了风电产业与金融业耦合系统的协调发展。另一方面，由于风电产业在经历了粗放的快速发展阶段后，其发展中各种问题开始凸显，针对这些问题，中国政府出台了相应的改善政策。2015年，国家能源局印发了《风电发展"十三五"规划》，明确规定在"十三五"期间要重点解决风电产业发展中的"弃风"和风电消纳问题，同时也完善了风电产业发展的财政支持和税收优惠政策。这些风电产业支持政策的出台增强了投资者对于风电产业发展的信心，使得很多金融机构开始积极开发新的、更适合风电产业发展的金融产品与金融业务。同时，随着中国金融改革的不断深化以及多元化资本市场的逐步完善、互联网金融的发展以及金融对外开放程度的不断增加，这些都极大地丰富了风电产业与金融业耦合的渠道，这些外部保障政策与环境的完善对促进风电产业与金融业耦合系统协调度的提高起到了重要的推动作用。

图 6-3　2007—2015 年中国风电产业与金融业耦合系统协调度变化趋势

通过对中国风电产业与金融业耦合系统发展的历史评价，可以得出如下结论：虽然中国风电产业与金融业发展良好，处于持续上升的状态，但风电产业与金融业之间还处在耦合的颉颃阶段，两者之间并未形成良性互动的耦合机制，使得风电产业与金融业耦合系统的规模较小。同时，风电产业与金融业耦合系统从 2010 年开始进入低度协调阶段，风电产业与金融业之间开始相互影响、相互适应，在 2015 年系统耦合协调度上升到中度协调，表明风电产业与金融业耦合系统步入良性耦合协调阶段，风电产业与金融业耦合系统的效率在逐步上升。

二　风电产业与金融业耦合系统的评价预测

利用系统动力学模型的预测功能，本部分分别从风电产业与金融业耦合系统评价目的的三个方面对风电产业与金融业耦合系统在 2017—2025 年的发展状况进行预测。

（一）耦合系统目标实现程度评价

风电产业与金融业耦合系统的最终目标是实现风电产业与金融业的价值增值。因此，本书选取风电产业产值与金融业利润两个指标对风电产业与金融业耦合系统的发展进行目标实现程度的评价预测。2017—2025 年中国风电产业与金融业发展情况如表 6-4 和图 6-4 所示。

表6-4 2017—2025年中国风电产业与金融业耦合系统目标实现程度

(单位：亿元)

年份	风电产业产值	金融业利润
2017	2345.83	28476.80
2018	2777.26	31399.30
2019	3259.28	34588.50
2020	3796.62	38105.90
2021	4394.83	42018.70
2022	5060.43	46407.30
2023	5801.07	51368.90
2024	6625.77	56020.30
2025	7545.22	63502.00

图6-4 2017—2025年中国风电产业与金融业耦合系统目标实现程度变化趋势

从表6-4和图6-4可以看出，2017—2025年中国风电产业产值与金融业利润增长整体上呈现出逐年上升的趋势。相对于2015年，2025年风电产业产值增长了近2.5倍，金融业利润增长了近2倍，说明在未来的9年间，风电产业与金融业均发展良好，处于持续上升的态势。风电产业与金融业对风电产业与金融业耦合系统目标的实现也表现出持续的拉动作用，这一良好的产业发展前景为风电产业与金融业的耦合协调发展奠定了基础。

(二) 耦合系统耦合度评价

根据系统耦合度测算模型，计算出 2017—2025 年风电产业与金融业耦合系统的耦合度 C，结果如表 6-5 所示。根据对表 6-5 中计算结果的分析可以得出以下结论：2017—2025 年，中国风电产业与金融业耦合系统的耦合度有了进一步的提升，在 2022 年和 2025 年，风电产业与金融业的耦合度超过了 0.5。根据耦合阶段的取值分析，2025 年风电产业与金融业之间进入磨合阶段，表明未来 9 年间风电产业与金融业之间逐步形成良性互动的耦合机制。

表 6-5　2017—2025 年中国风电产业与金融业耦合系统耦合度

年份	耦合度 C	耦合阶段
2017	0.4957	颉颃阶段
2018	0.5000	颉颃阶段
2019	0.4393	颉颃阶段
2020	0.4611	颉颃阶段
2021	0.4982	颉颃阶段
2022	0.5300	磨合阶段
2023	0.4900	颉颃阶段
2024	0.4971	颉颃阶段
2025	0.5200	磨合阶段

图 6-5 显示了 2017—2025 年中国风电产业与金融业耦合系统耦合度的变化趋势，可以看出，除了在 2019 年和 2023 年系统耦合度出现了轻微的下降外，风电产业与金融业耦合系统的耦合度呈现出整体的上升趋势。相对于历史发展来说，中国风电产业与金融业在 2025 年从颉颃阶段进入磨合阶段，这说明前一阶段针对提高风电产业与金融业协调发展的政策作用的效果开始显现，风电产业发展所处的金融环境越来越好，针对风电产业发展的风电产业金融产品与业务的规模与种类都在增加。因此，为了进一步巩固和推动风电产业与金融业耦合系统耦合度的提升，政策的支持仍然必不可少。

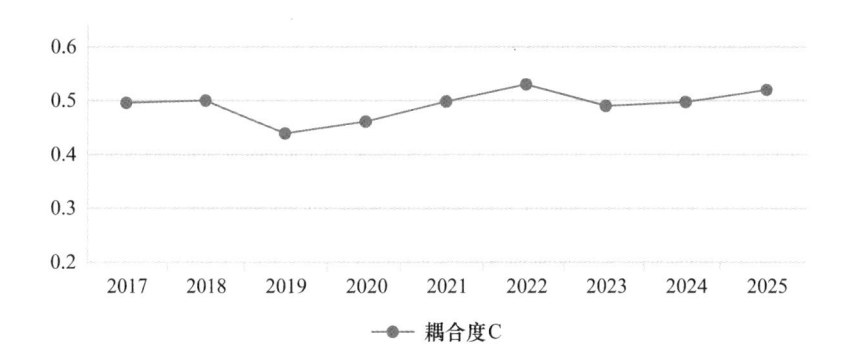

图 6-5　2017—2025 年中国风电产业与金融业耦合系统耦合度变化趋势

（三）耦合系统协调度评价

根据系统耦合协调度模型，计算出风电产业与金融业耦合系统的耦合协调度 D，结果如表 6-6 所示。根据对表 6-6 中计算结果的分析可以得出以下结论：2017—2025 年，中国风电产业与金融业耦合系统耦合协调度 D 一直在低度协调与中度协调间波动。但是从 2022 年开始，风电产业与金融业耦合系统耦合协调度 D 基本保持在大于 0.4 的状态，根据前文对耦合协调度的划分类型来看，从 2022 年开始，风电产业与金融业耦合系统正式进入到了中度协调状态。相对于历史值来说，风电产业与金融业耦合系统已经走出了失调状态，这说明未来 9 年间中国风电产业与金融业耦合系统呈现出不断协调的发展趋势。

表 6-6　2017—2025 年中国风电产业与金融业耦合系统协调度

年份	耦合协调度 D	耦合协调类型
2017	0.4178	中度协调
2018	0.3268	低度协调
2019	0.3328	低度协调
2020	0.3748	低度协调
2021	0.3765	低度协调
2022	0.4067	中度协调
2023	0.4095	中度协调
2024	0.3602	低度协调
2025	0.4072	中度协调

图 6-6 显示了 2017—2025 年我国风电产业与金融业耦合系统协调度的变化趋势，从图中可以看出，除了在 2018 年和 2024 年风电产业与金融业耦合系统的协调度出现了轻微的下降外，中国风电产业与金融业耦合系统的协调度呈现出整体上升的态势，这说明在未来的 9 年间，风电产业与金融业之间的互动良好，两者之间的匹配度与协调度在逐渐提高。

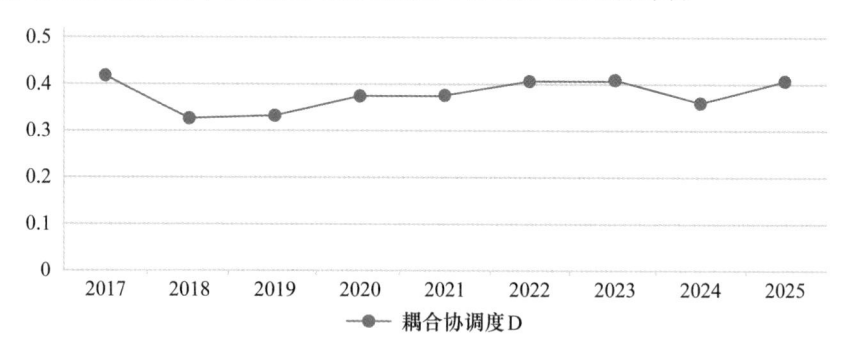

图 6-6　2017—2025 年中国风电产业与金融业耦合系统协调度变化趋势

通过对中国风电产业与金融业耦合系统的评价预测，可以得出如下结论：在 2017—2025 年的 9 年间，风电产业与金融业发展良好，处于持续上升的态势；风电产业与金融业之间也从颉颃阶段过渡到了磨合阶段，两者之间良性互动的耦合机制开始显现，但效果仍不明显，使得风电产业与金融业耦合系统的规模并没有明显扩大；同时，风电产业与金融业耦合系统的协调度从 2022 年开始上升到中度协调，表明未来 9 年间风电产业与金融业耦合系统逐步进入良性耦合协调阶段，风电产业与金融业耦合系统的效率在稳步提升。

第二节　风电产业与金融业耦合系统协调发展的多政策情景仿真

通过上述对中国风电产业与金融业耦合系统的历史评价与评价预测，发现风电产业与金融业之间还处在磨合阶段，两者之间还存在发展不协调的矛盾，风电产业与金融业耦合系统的协调度也不高。而促进风电产业与金融业耦合系统的协调发展将有利于改善风电产业与金融业之间存在的不协调发展矛盾,从而实现风电产业与金融业的双赢。为了有效推动风电产业与金融业耦合系统的协调发展,需要设计一类科学可行的政策方案,去提高风电产业与金融业耦合系统的规模、效率以及系统目标的实现程度。为此,本书在构建的风电产业与金融业耦合系统 SD 模型的基础上,通过设计政策方案并对比分析筛选,最终确定可以促进风电产业与金融业耦合系统协调发展的最优政策方案。

一 设计思路与决策变量选取

(一) 设计思路

首先,选取决策变量。本书在风电产业与金融业耦合系统 SD 模型的基础上,根据决策变量选取原则,选取财政补贴率、银行信贷投入占比和股票市场投入占比 3 项指标作为决策变量,进行提高与降低的排列组合,从所有组合中选取了 6 种具有代表性的方案进行政策仿真。

其次,对不同政策仿真方案下风电产业与金融业耦合系统的耦合度与耦合协调度进行测算。根据风电产业与金融业耦合系统 SD 模型在不同政策仿真方案下的评价指标输出值,利用风电产业与金融业耦合系统协调度评价模型对系统的耦合度与耦合协调度进行测算。

最后,进行仿真结果分析与最优政策方案筛选。根据不同政策仿真方案下输出的风电产业产值与金融业利润值,结合上一步骤测算出的风电产业与金融业耦合系统的耦合度与耦合协调度,对不同政策方案下的仿真结果进行分析。其中,风电产业产值与金融业利润反映了风电产业与金融业耦合系统的目标实现程度、耦合系统耦合度反映了耦合系统的规模、耦合系统协调度反映了耦合系统的效率。通过 Vensim 的仿真分析,得到不同政策情景方案下各项指标的仿真结果。将仿真结果进行筛选,最终选定最优的政策方案。

(二) 决策变量选取

1. 变量选取原则

系统动力学模型较为突出的优点就是能够运用仿真模拟的手段来预测系统的行为。根据决策需要选取并调整变量的状态,模型就能够针对性地改变仿真的状态,由此产生不同的系统行为结果。但一次仿真的结果仅是系统在一定条件下的行为,因此其意义是有限的。所以,在模型的适用性和一致性验证之后,要通过模型来研究系统在不同条件下的一切可能行为,从而能够帮助决策者了解各种状态下的系统行为结果,通过对比分析进而作出较优的决策。

研究 SD 系统在不同条件下可能出现的行为,需要设计各种不同的情景方案对模型进行仿真。在方案设计之前,首先应选取风电产业与金融业耦合系统 SD 模型的决策变量,决策变量应遵循以下原则:

(1)全面性。决策变量的选取应该在现有数据与变量的基础上,尽可能选取能够全面反映风电产业与金融业耦合系统协调发展程度的指标。

(2)针对性。决策变量的选取要根据主要考察的指标进行有针对性的变量选择,本书重点考察风电产业与金融业耦合系统的规模、效率和目标实现的程度,因此,应有针对性地选择会对耦合系统系统规模、效率和目标实现产生影响的变量指标。

(3)可行性。决策变量的选取应考虑风电产业与金融业耦合系统 SD 模型数据来源的可行性和显示可能性。

2. 决策变量的选取

目前,中国风电产业与金融业产生耦合关系的途径主要包括:以财政补贴为推动的政策驱动耦合;以银行信贷为主要业务的间接耦合;以股票市场融资为主要业务的直接耦合。因此,本书选取了财政补贴率、银行信贷投入占比和股票市场投入占比 3 项指标作为决策变量。其中财政补贴率反映了外界环境对耦合系统协调发展的影响,银行信贷投入占比与股票市场投入占比则反映了风电产业与金融业之间通过不同的渠道产生的交互关系对耦合系统协调发展产生的不同影响。

二 多政策情景方案设计

以现行的政策方案为基础,每个决策变量的取值可有多种选择,通过排列组合可以设计出无数种政策方案,但有些方案没有实际参考意义。本书结合中国风电产业与金融业之间耦合发展的现状、国家能源局印发的《风电发展"十三五"规划》中关于发挥金融对风电产业的支持作用的相关政策规划对每个可控指标划分为提高与降低两个方向,指标范围及取值如表 6-7 所示。

表6-7　中国风电产业与金融业耦合系统协调发展决策变量选取及其取值

政策方案	财政补贴率（%）范围	财政补贴率（%）取值	银行信贷投入占比（%）范围	银行信贷投入占比（%）取值	股票市场投入占比（%）范围	股票市场投入占比（%）取值
提高	≥0.0006	0.0008	≥0.03	0.05	≥0.01	0.03
现值	0.0006	0.0006	0.03	0.03	0.01	0.01
降低	≤0.0006	0.0004	≤0.03	0.01	≤0.01	0.008

本书以现行政策为基准，对3个决策变量分别进行提高与降低两个方向的调整，可以得到8种情景方案。根据风电产业与金融业耦合发展的现状，笔者选取具有代表性的6种政策方案进行分析。其中，第F种方案为现行政策方案。风电产业与金融业耦合系统协调发展的多政策情景仿真设计方案如表6-8所示。

表6-8　中国风电产业与金融业耦合系统协调发展的多政策情景仿真设计方案

方案	财政补贴率（%）	银行信贷投入占比（%）	股票市场投入占比（%）
A	0.0008	0.05	0.008
B	0.0008	0.01	0.03
C	0.0004	0.05	0.008
D	0.0004	0.01	0.03
E	0.0004	0.05	0.03
F	0.0006	0.03	0.01

三　政策仿真结果分析

根据风电产业与金融业耦合系统可持续发展多政策情景方案的设计，运用Vensim软件在风电产业与金融业耦合系统SD模型总流图中分别调控决策变量的值，对设计的政策方案进行仿真模拟，得到6种仿真结果。根据情景仿真方案设计思路，本书利用构建的协调度评价指标体系（风电产业产值、风电产业新增装机容量、风电产业技术创新投入、金融业利润、银行业利润占比和证券业利润占比）作为输出变量指标，输入耦合系统协调度评价模型，对不同政策方案下风电产业与金融业耦合系统的耦合度与耦合协调度进行测算。输出变量指标的仿真结果与耦合系统的耦合度与耦合协调度测算结果分别如表6-9、表6-10所示。

表6-9　2017—2025年中国风电产业与金融业耦合系统协调发展主要指标仿真结果

主要指标	方案	2017	2018	2019	2020	2021	2022	2023	2024	2025
风电产业产值（亿元）	A	3371.98	3998.43	4696.97	5474.18	6337.85	7297.15	8362.82	9547.58	10866.50
	B	2421.10	2864.08	3358.56	3909.22	4521.58	5202.11	5958.40	6799.42	7735.76
	C	3225.80	3831.04	4507.18	5260.96	6100.41	7034.91	8075.51	9235.24	10529.50
	D	2270.66	2690.51	3160.06	3684.02	4268.01	4918.58	5643.43	6451.65	7353.98
	E	4394.44	5226.73	6155.92	7191.27	8343.76	9626.28	11054	12644.7	14419.7
	F	2345.83	2777.26	3259.28	3796.62	4394.83	5060.43	5801.07	6625.77	7545.22
风电产业新增装机容量（亿元）	A	55242.50	61599.10	68536.80	76162.20	84593.90	93974.50	104476.00	116305.00	129710.00
	B	39063.90	43604.90	48558.70	53999.90	60011.30	66692.60	74163.80	82569.60	92083.80
	C	53372.90	59623.70	66471.30	74025.30	82407.40	91763.60	102269.00	114135.00	127614.00
	D	37024.10	41405.90	46205.10	51498.10	57369.10	63919.80	71271.60	79571.00	88993.50
	E	73394.10	81938.80	91300.80	101631.0	113097.0	125898.0	140278.0	156524.0	174985.0
	F	37044.60	42506.60	47384.00	52752.10	58694.70	65312.10	72725.40	81079.90	90550.50
风电产业技术创新投入（亿元）	A	150.92	167.76	186.13	206.33	228.66	253.51	281.32	312.65	348.16
	B	108.07	120.10	133.22	147.63	163.55	181.25	201.04	223.30	248.50
	C	145.97	162.52	180.66	200.67	222.87	247.65	275.48	306.91	342.61
	D	102.66	114.27	126.98	141.00	156.55	173.90	193.38	215.36	240.31
	E	199.00	221.63	246.43	273.79	304.16	338.06	376.15	419.18	468.08
	F	75.370	87.190	100.11	114.32	130.06	147.59	167.23	187.35	214.44

第六章　风电产业与金融业耦合系统评价与政策情景仿真　／　155

续表

主要指标	方案	2017	2018	2019	2020	2021	2022	2023	2024	2025
金融业利润（亿元）	A	29487.30	32412.90	35605.90	39127.80	43045.70	47440.40	52408.90	58068.30	64559.00
	B	29484.00	32407.90	35598.60	39117.80	43032.50	47423.30	52387.20	58041.20	64525.70
	C	29485.50	32410.60	35603.00	39124.30	43041.60	47435.50	52403.20	58061.60	64551.40
	D	29482.10	32405.50	35595.70	39114.30	43028.20	47418.20	52381.30	58034.30	64517.70
	E	29504.80	32435.00	35633.30	39161.40	43086.50	47489.40	52467.50	58137.70	64640.90
	F	28476.80	31399.30	34588.50	38105.90	42018.70	46407.30	51368.90	56020.30	63502.00
银行业利润占比（%）	A	0.8232	0.8022	0.8121	0.8493	0.8432	0.7922	0.8221	0.7851	0.8593
	B	0.7622	0.7249	0.7515	0.8032	0.8158	0.8093	0.8021	0.7651	0.7722
	C	0.8332	0.8122	0.8221	0.8593	0.8532	0.8022	0.8321	0.7951	0.8693
	D	0.7722	0.7349	0.7615	0.8132	0.8258	0.8193	0.8121	0.7751	0.7822
	E	0.8432	0.8222	0.8321	0.8693	0.8632	0.8122	0.8421	0.8051	0.8793
	F	0.7922	0.7449	0.7615	0.8232	0.8358	0.8493	0.8121	0.7851	0.7922
证券业利润占比（%）	A	0.2955	0.1122	0.1688	0.1547	0.1145	0.1205	0.1072	0.1429	0.1646
	B	0.3272	0.1549	0.2022	0.1888	0.1371	0.1444	0.1252	0.1747	0.1845
	C	0.3055	0.1222	0.1788	0.1647	0.1245	0.1305	0.1172	0.1529	0.1746
	D	0.3372	0.1649	0.2122	0.1988	0.1471	0.1544	0.1352	0.1847	0.1945
	E	0.3472	0.1749	0.2222	0.2088	0.1571	0.1644	0.1452	0.1947	0.2045
	F	0.3072	0.1249	0.1822	0.1688	0.1271	0.1244	0.1152	0.1547	0.1745

表6-10　2017—2025年不同政策情景仿真下中国风电产业与金融业耦合系统耦合度与耦合协调度测算结果

主要指标	方案	2017	2018	2019	2020	2021	2022	2023	2024	2025
耦合度 C	A	0.4787	0.4797	0.4545	0.4588	0.4954	0.4715	0.4909	0.4679	0.5000
	B	0.4787	0.4990	0.4705	0.4651	0.4904	0.4983	0.4990	0.4924	0.4919
	C	0.4787	0.4792	0.4541	0.4585	0.4954	0.4715	0.4908	0.4676	0.5000
	D	0.4787	0.4989	0.4903	0.4988	0.4375	0.4830	0.4639	0.4748	0.4745
	E	0.4987	0.5053	0.4604	0.4612	0.4992	0.5414	0.4989	0.4974	0.5397
	F	0.4957	0.5000	0.4393	0.4611	0.4982	0.5300	0.4900	0.4971	0.5200
耦合协调度 D	A	0.3198	0.1571	0.2489	0.3085	0.3093	0.2664	0.3294	0.3300	0.4528
	B	0.2867	0.1433	0.2464	0.3155	0.3350	0.3594	0.3715	0.3863	0.4249
	C	0.3194	0.1567	0.2483	0.3079	0.3089	0.2661	0.3291	0.3298	0.4528
	D	0.2984	0.1280	0.2008	0.2340	0.3631	0.2612	0.2733	0.3170	0.3496
	E	0.4077	0.3766	0.3521	0.3771	0.3704	0.4755	0.4408	0.3601	0.4609
	F	0.4178	0.3268	0.3328	0.3748	0.3765	0.4067	0.4095	0.3602	0.4072

根据表6-11可知，2025年中国风电产业与金融业耦合系统多情景仿真政策方案设计和仿真结果具体如下：

表6-11　2025年中国风电产业与金融业耦合系统协调发展主要指标仿真值

方案	耦合系统目标实现程度		耦合系统规模	耦合系统效率
	风电产业产值（亿元）	金融业利润（亿元）	耦合度 C	耦合协调度 D
A	10866.50	64559.00	0.5000	0.4528
B	7735.76	64525.70	0.4919	0.4249
C	10529.50	64551.40	0.5000	0.4528
D	7353.98	64517.70	0.4745	0.3496
E	14419.7	64640.90	0.5397	0.4609
F	7545.22	63502.00	0.5200	0.4072

方案A：提高财政补贴、提高银行投入及降低股票市场投入。根据仿真结果，到2025年，风电产业产值达到10866.5亿元；金融业利润达到64559.00亿元；风电产业与金融业耦合系统耦合度为0.5000，根据耦合阶段的取值分析，风电产业与金融业之间还处在颉颃阶段；风电产业与金融业耦合系统耦合协调度为0.4528，根据耦合协调度的划分类型来看，风电产业与金融业耦合系统达到了中度协调。

方案B：提高财政补贴、降低银行投入及提高股票市场投入。根据仿真结果，到2025年，风电产业产值达到7735.76亿元；金融业利润达到64525.70亿元；风电产业与金融业耦合系统耦合度为0.4919，根据耦合阶段的取值分析，风电产业与金融业之间还处在颉颃阶段；风电产业与金融业耦合系统耦合协调度为0.4249，根据耦合协调度的划分类型来看，风电产业与金融业耦合系统达到了中度协调。

方案C：降低财政补贴、提高银行投入及降低股票市场投入。根据仿真结果，到2025年，风电产业产值达到10529.50亿元；金融业利润达到

64551.40 亿元；风电产业与金融业耦合系统耦合度为 0.5000，根据耦合阶段的取值分析，风电产业与金融业之间还处在颉颃阶段；风电产业与金融业耦合系统耦合协调度为 0.4528，根据耦合协调度的划分类型来看，风电产业与金融业耦合系统达到了中度协调。

方案 D：降低财政补贴、降低银行投入及提高股票市场投入。根据仿真结果，到 2025 年，风电产业产值达到 7353.98 亿元；金融业利润达到 64517.70 亿元；风电产业与金融业耦合系统耦合度为 0.4745，根据耦合阶段的取值分析，风电产业与金融业之间还处在颉颃阶段；风电产业与金融业耦合系统耦合协调度为 0.3496，根据耦合协调度的划分类型来看，风电产业与金融业耦合系统达到了中度协调。

方案 E：降低财政补贴、提高银行投入及提高股票市场投入。根据仿真结果，到 2025 年，风电产业产值达到 14419.7 亿元；金融业利润达到 64640.90 亿元；风电产业与金融业耦合系统耦合度为 0.5397，根据耦合阶段的取值分析，风电产业与金融业之间处在磨合阶段；风电产业与金融业耦合系统耦合协调度为 0.4609，根据耦合协调度的划分类型来看，风电产业与金融业耦合系统达到了中度协调。

方案 F：为现行政策方案。该方案下风电产业与金融业产生耦合关系的途径主要以财政补贴为代表的政策驱动为主、以银行信贷为主要业务的间接耦合为辅，并以少量股票市场融资为主要业务的直接耦合为补充。根据仿真结果，到 2025 年，风电产业产值达到 7545.22 亿元；金融业利润达到 63502.00 亿元；风电产业与金融业耦合系统耦合度为 0.5200，根据耦合阶段的取值分析，风电产业与金融业之间处在磨合阶段；风电产业与金融业耦合系统耦合协调度为 0.4072，根据耦合协调度的划分类型来看，风电产业与金融业耦合系统达到了中度协调。

上述 6 种风电产业与金融业耦合系统协调发展政策仿真方案中，2017—2025 年的风电产业产值、金融业利润、风电产业与金融业耦合系统耦合度、风电产业与金融业耦合系统耦合协调度 4 项主要指标的模拟数据图，见图 6-7 至图 6-10。

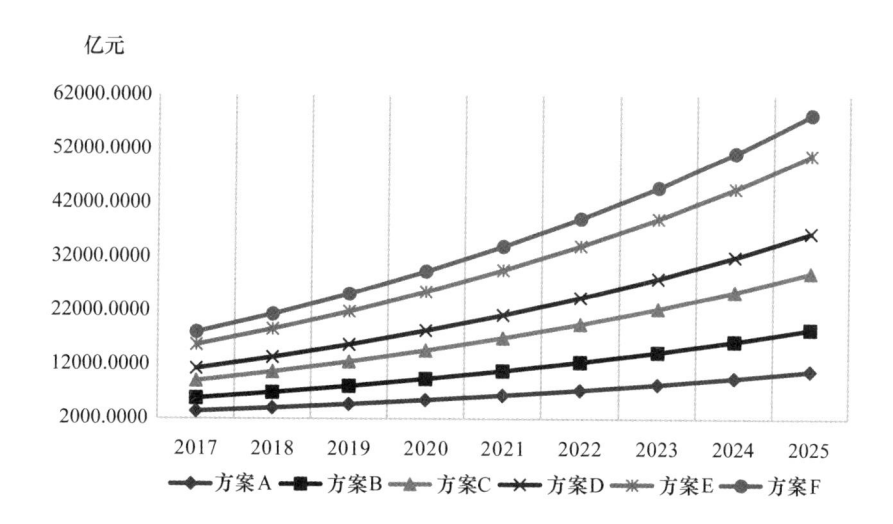

图 6-7　2017—2025 年中国风电产业与金融业耦合系统风电产业产值仿真结果

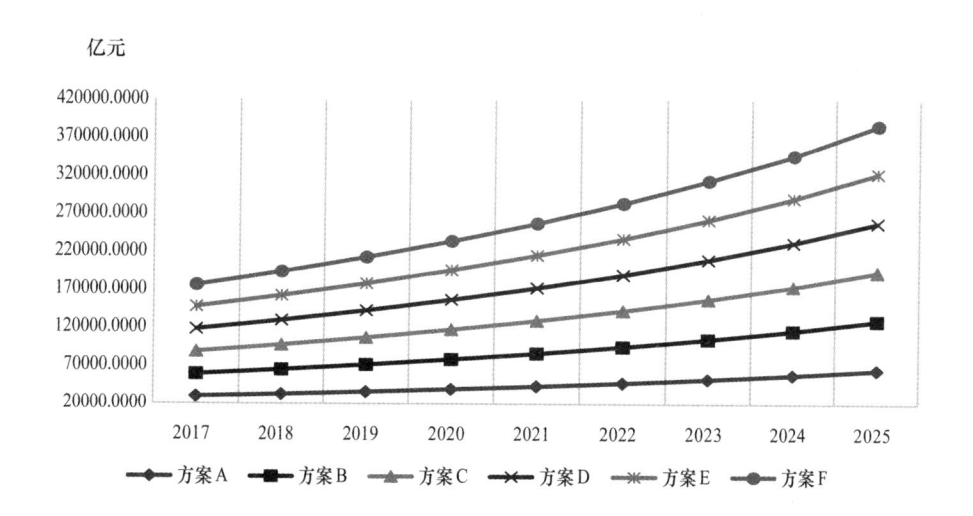

图 6-8　2017—2025 年中国风电产业与金融业耦合系统金融业利润仿真结果

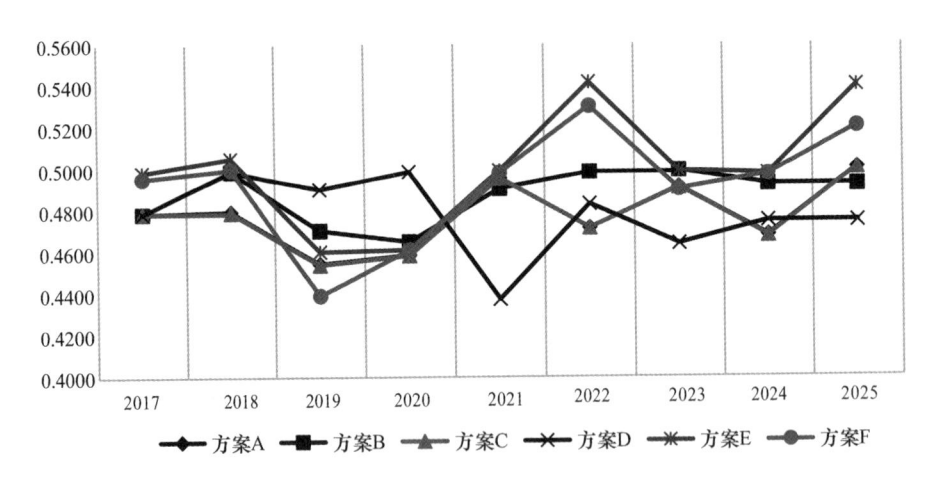

图 6-9 2017—2025 年中国风电产业与金融业耦合系统耦合度仿真结果

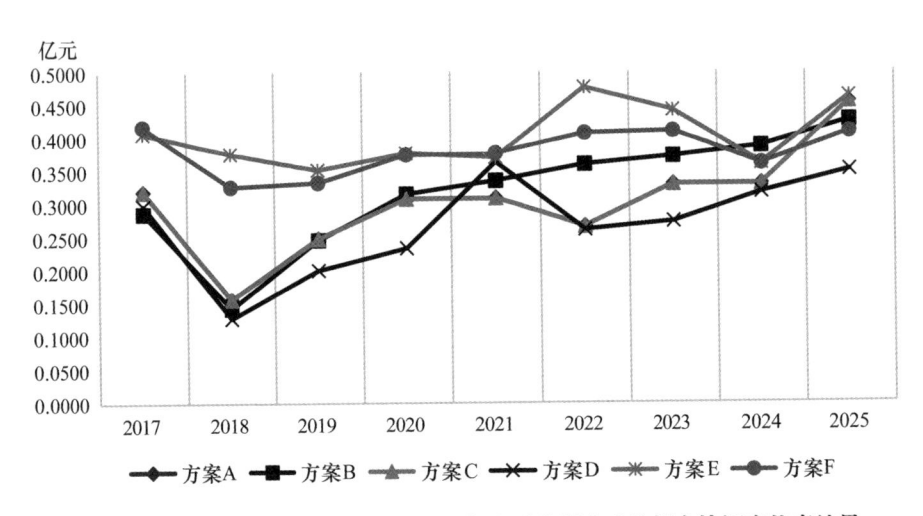

图 6-10 2017—2025 年中国风电产业与金融业耦合系统耦合协调度仿真结果

第三节　风电产业与金融业耦合系统协调发展的多政策方案筛选

通过上一节对风电产业与金融业耦合系统协调发展的多政策情景方

案的设计,我们得到6种政策情景方案和方案仿真结果。本节首先利用2025年的仿真截面数据对6种多情景政策方案进行对比分析,对可以促进风电产业产值和金融业利润提高的方案进行初步筛选,然后再通过对风电产业与金融业耦合系统的耦合度与耦合协调度的测算结果进行进一步的筛选,最终确定出既能促进风电产业产值与金融业利润的提高,同时又能促进两者协调发展的政策方案。在该最优政策方案下,风电产业与金融业耦合系统的目标实现程度、耦合系统的规模以及耦合系统的效率都可以趋向于最优化。

一 风电产业与金融业耦合系统协调发展的多政策方案对比

根据2025年仿真截面数据,通过对风电产业产值与金融业利润两个输出变量指标以及两者相对于现行政策下的提高比率进行多方案的对比分析,对政策方案进行初步筛选。风电产业与金融业耦合系统协调发展的多政策方案仿真结果初步对比分析如表6-12所示。

表6-12　风电产业与金融业耦合系统协调发展多政策方案仿真结果初步对比分析

输出变量提高比率	方案A	方案B	方案C	方案D	方案E	现行方案F
风电产业产值(亿元)	10866.50	7735.76	10529.50	7353.98	14419.70	7545.22
提高比率(%)	44.02	2.53	39.55	-2.53	91.11	0.00
金融业利润(亿元)	64559	64525.7	64551.4	64517.7	64640.9	63502
提高比率(%)	1.66	1.61	1.65	1.60	1.79	0.00

从表6-12可知,政策方案A与政策方案B均为适当提高财政补贴,两者的区别在于方案A是以银行投入为主,股票市场投入为辅。从与现行方案F仿真结果的对比分析可以看出,方案A以银行投入为主的政策方案相对于方案B以股票市场投入为主的政策方案可以有效提高风电产业的产值与金融业的利润;政策方案C、方案D、方案E均为适当降低财

政补贴，区别在于方案 C 以银行投入为主、方案 D 以股票市场投入为主，方案 E 将银行与股票市场均作为主要投入方式。从与现行方案 F 仿真结果的对比分析可以看出，方案 C 和方案 E 相对于方案 D 均可以有效提高风电产业的产值与金融业的利润，其中，方案 E 的效果更为明显。

因此，根据初步的对比分析，可以看出，政策方案 A、政策方案 C 和政策方案 E 均可以作为促进风电产业与金融业耦合系统协调发展的初步优化方案。

二 风电产业与金融业耦合系统协调发展的最优政策方案选择

上一部分初步筛选出的促进风电产业与金融业耦合系统协调发展的政策方案 A、方案 C、方案 E 只反映了对风电产业与金融业耦合系统目标实现程度的促进作用。为了进一步筛选出最优的政策方案，本书结合上文测算出的不同政策方案情景下风电产业与金融业耦合系统的耦合度与耦合协调度结果，对方案 A、方案 C、方案 E 进行进一步的对比分析。对比分析结果如表 6-13 所示。

表 6-13　　　风电产业与金融业耦合系统协调发展多政策
方案仿真结果最终对比分析

输出变量 提高比率	方案 A	方案 C	方案 E	现行方案 F
风电产业与金融业耦合系统耦合度 C	0.5000	0.5000	0.5397	0.5200
提高比率（%）	-3.85	-3.85	3.79	0.00
风电产业与金融业耦合系统耦合协调度 D	0.4528	0.4528	0.4609	0.4072
提高比率（%）	11.20	11.20	13.19	0.00

从表 6-13 中可以看出，政策方案 E 相对于方案 A 和方案 C 既可以有效提高风电产业与金融业耦合系统的耦合度，还可以显著提高风电产业与金融业耦合系统的协调度。因此，政策方案 E 为有效促进风电产业与金融业耦合系统协调发展的最优方案，即在逐步降低财政补贴（包括

对风电产业的直接财政投入与对金融产业的贷款风险补偿）的同时，提高风电产业与金融业在银行业务及以股票市场为主的资本市场融资业务上的合作，可以有效提高风电产业与金融业耦合系统目标实现的程度、耦合系统的规模以及耦合系统的效率。

第四节　本章小结

本章利用构建的风电产业与金融业耦合系统的"SD-协调度"评价模型，对风电产业与金融业耦合系统进行了评价与政策仿真。

第一，对风电产业与金融业耦合系统的目标实现程度、系统耦合度与系统耦合协调度进行了历史评价与评价预测。结果显示：中国风电产业与金融业发展良好，处于持续上升的状态；风电产业与金融业之间的耦合度整体偏低，还处在耦合的磨合阶段；同时，风电产业与金融业耦合系统的协调度在逐年增加，系统在2022年进入中度耦合协调阶段。

第二，以风电产业与金融业耦合系统 SD 模型为基础，结合风电产业与金融业耦合系统协调度评价模型，选取 6 类不同的政策方案对风电产业与金融业耦合系统的协调发展进行了政策仿真分析。

第三，通过对风电产业与金融业耦合系统协调发展的多政策仿真方案的筛选，认为方案 E 为最优政策方案，即在逐步降低财政补贴（包括对风电产业的直接财政投入与对金融产业的贷款风险补偿）的同时，提高风电产业与金融业在银行业务及以股票市场为主的资本市场融资业务上的合作，可以有效提高风电产业与金融业耦合系统的目标实现程度、耦合系统的规模以及耦合系统的效率。

第七章

促进中国风电产业与金融业耦合系统协调发展的对策建议

第一节 逐步降低财政补贴,创新风电产业市场化融资模式

一 减少国家风电补贴,建立完善的电力市场机制

风电产业的持续健康发展需要大量的资金支持,根据促进风电产业与金融业耦合系统协调发展最优政策方案的选择,为使风电产业与金融业之间产生价值增值效应,不仅需要政府投资和补贴政策的支持,更需要充分发挥市场配置资金的作用,借助市场化手段来解决风电产业发展的问题。

(一)逐步减少国家风电补贴,提高补贴资金使用效率

财政补贴一直是中国促进风电产业发展的主要政策保障措施之一,但政府对风电产业的巨额补贴资金并未能有效提升风电产业的经营绩效,过度地依赖财政补贴甚至阻碍了风电产业的健康发展。中国风力发电企业面临的主要问题是核心生产技术仍未纳入全球化市场环境,生产成本高,主要依赖于政府补贴,如果风力发电在整个电力供应中达到20%—30%的比重,一年的补贴需求将达到6000亿至1万亿元,而这种补贴是难以实现的。因此,应该提高补贴资金的发放实效,主要通过市场竞争手段,来推动风电开发成本的进一步下降。同时,减少风电财政补贴应该分类型、分领域和分区域地逐步实施:对已经形成较大规模的陆上风电,需要通过技术进步和市场化的机制创新,率先使部分资源优越的地

区风电能够尽快实现不依赖补贴发展；对于作为未来风电发展重要领域的海上风电，应该要在逐步完善政策补贴制度的前提下，逐步降低补贴资金，提高补贴资金的使用效率；对于作为风电未来发展趋势的分散式风力发电，政府部门的重心应该放在制度环境的建设上，为其发展提供一个良好的环境。

（二）完善电力市场机制，改革风电上网价格

以完善的电力市场机制促进风电产业发展，最先决的条件就是对风电上网价格机制的改革。政府部门在针对不同风能资源出台细化的分区域上网价格时，应该制定一个中长期的风电价格下降比率，以实现风电与传统能源市场的竞争。从长远来看，可以适当开征环境税，解决传统能源与风能等新能源之间的外部性价格扭曲问题。根据国家发改委2017年发布的《关于全面深化价格机制改革的意见》，可以探索通过市场化招标方式来确定风电的价格，研究有利于储能发展的价格机制，促进风电全产业链健康发展，减少新增补贴资金的需求。

二 鼓励金融创新，推动与风电产业相关的金融产品开发

在支持风电产业发展上，除了运用传统的金融方式给予风电产业支持外，应该引导金融机构针对风电产业的特点，加快金融创新，设计出与其发展相适应的金融解决方案和服务方式。风电产业具有稳定的发展潜力和巨大的未来收益，但目前却缺乏有效的金融支持手段，这样就有可能创新出更多可操作的风电金融产品。

（一）风电资产证券化

风电资产证券化是指将流动性较差的风电资产通过风险和收益的重组，转化为具有投资价值的证券化资产，从而实现资金募集的目的。开发风电资产证券化产品是一种非常行之有效的项目融资途径。其通过经管部门将风电产业拥有的准备证券化的风电资产汇集成一个资产池，其中包括风能资源的勘察权、风电资源的开发权、风电场的建设与经营权等项目，然后政府部门以每一个项目为单位来选择项目发展商，项目发展商将资产卖给特设的信托中介，由其对各类资产按照利率期限、风险的不同进行组合并将其出售给投资者，证券的发行收入通过信托中介转

让给项目开发商，以此来筹集风电产业发展所需的资金。

(二) 风电产业全产业链融资模式

风电产业全产业链式融资模式是指风电产业在融资的过程中，金融机构将风电产业链整体作为虚拟的信用对象，从产业链整体发展的角度去为产业内不同的企业提供差异化的金融服务，满足每个有融资需求的企业，从而发挥出产业的集群效应，这是一种新型的金融服务，是为风电产业量身定制的金融服务，可以有效提高风电产业的整体竞争力。通过将链式融资模式引入风电产业，可以降低和分散金融机构的信用风险，同时也提高了金融机构对风电产业投资的积极性，从而有效解决风电产业链上部分中小型风电企业融资难的问题。构建风电产业链式融资模式最重要的是确定产业链内的核心企业，并以此为中心来确定其下游的不同融资需求主体。如处于风电产业链上游的零部件制造企业，因为企业规模小难以融资，可以通过寻求资信较高的核心企业作为交易合作伙伴为其提供融资担保。

(三) 风电产业金融避险产品

在风电产业与金融业互动发展的过程中，不仅要研究开发出有利于风电产业资金融通的产品，还应该创新风电产业金融避险产品，以规避和分散风电产业发展过程中遇到的风险。风电产业是一个高风险的产业，这是由风电机组所处的特殊外部环境以及风电产业技术研发、制造、设计等过程中的诸多因素造成的。中国在进一步提高风电设备制造质量和运行可靠性的同时，应该将保险作为一种有效的风险管控措施和工具充分介入风电产业中，并贯穿到风电产业从设备生产到风电场建设等全产业链环节中去。为了增强保险业对国产风电机组的信心，创新出更多的风电保险产品，应该不断地完善风电领域的技术创新，增强国产风机在产品可靠性、风能利用率和可维护性方面的实力。

第二节 拓宽风电产业与金融业耦合的渠道来源

一 完善金融服务，扩大银行业对风电产业的金融支持

根据促进风电产业与金融业耦合系统协调发展最优政策方案，应该提高风电产业与金融业在银行业务上的合作。在当前的经济形式下，政策性银行和商业银行都应该顺应经济发展的形式，贯彻和实施我国对新能源产业发展的产业政策，积极扶持风电产业的发展。

（一）完善政策性银行对风电产业的金融服务

政策性银行应该继续发挥其自身具有的中长期融资的业务优势，继续以低息贷款、无息贷款、贷款补贴、延长贷款周期、优先贷款等措施加大对风电产业的信贷支持，以弥补风电产业因为项目周期长而造成的流动资金缺乏和上游产业因为谈判能力弱而造成的信贷缺位问题。

（二）扩大商业银行对风电产业的金融服务

商业银行也无须因为风电产业的产能过剩、核心技术缺乏等问题而因噎废食，全面停止风电信贷的投放，而是应该通过系统的评审和甄别，筛选出品质优良的风电项目，在有效防控风险的同时也能取得稳健的投资回报。如依托下游电力集团成立的风电设备企业、实力强劲的整机制造企业以及具有研发创新能力的风电企业等开发出更多的金融服务业务。主要业务形式可以包括：（1）进出口贸易融资：即/远期证，进口押汇，非融资性短期预付款保函，打包贷款，出口发票融资、出口议付、福费廷等以同业授信为基础的业务等；（2）国内贸易融资：国内保理、国内信用证、承兑汇票等；（3）流动资金贷款：建立稳定的银企合作关系，给予部分流动资金贷款支持，用于风电企业短期的零件设备、原辅料采购；（4）固定资产贷款：风电设备企业固定资产比例高，收益率相对可靠，适合进行固定资产贷款。

二 完善资本市场，实现风电产业金融支持的多元化

根据促进风电产业与金融业耦合系统协调发展最优政策方案，应该提高风电产业与金融业在资本市场融资业务上的合作。但是，由于盈利能力低，风电企业上市融资存在较多的障碍。为了畅通风电企业的融资渠道，在提高风电企业自身盈利能力的同时，可以通过不断地完善资本市场来为风电产业的多元化融资提供可靠的资本市场保障。

（一）优先支持符合要求的风电企业上市

在同等条件下应该优先支持与风电产业发展相关的企业公开发行股

票、优先支持风电上市公司增发新股和配股，以此使更多的社会资源可以优先进入与风电产业发展相关的企业中去，从而促进风电产业的发展。

（二）支持风电企业进行债券融资

中国债券市场发展相对较慢，尤其是企业债券市场发展缓慢。中国企业债券监管部门可通过制定相应的产业倾斜政策，优先核准风电产业中一些符合企业债券发行条件的企业通过发行企业债券、短期债券和中期票据来为企业进行融资，从而扩大风电企业通过债券市场进行融资的规模。

（三）设立风电产业投资基金

风电产业基金可以通过发行基金份额有效引导民间资本进入风电产业，具有利益共享、风险共担的特性。因此，风电产业投资基金可以成为风电企业直接融资的重要手段之一。通过风电产业投资基金的设立，可以有效扶持中小型风电零部件生产企业，加强风电产业链上薄弱环节的建设，从而促进风电产业的规模化发展。

（四）发展风险投资和创业投资

发展风险投资和创业投资，首先应该要完善资本市场的退出机制，以便风险资金可以灵活和畅快地退出投资企业，有利于风险资本做大做强。中国创业板的推出不仅降低了风电企业上市的门槛，也方便了风险资本的快速退出。其次，发展风险投资和创业投资应该提高对风电企业的投资评估能力，降低风险投资和创业投资的风险。

三 提高系统开放度，促进风电产业投资主体多元化

通过第四章对风电产业与金融业耦合系统耗散性的分析，认为风电产业与金融业耦合系统的有序稳定发展与系统开放程度密切相关，因此，应该提高风电产业与金融业耦合系统的开放度，鼓励更多的金融资源进入风电产业的开发领域。

（一）鼓励大型能源企业进入风电领域

大型能源企业规模较大，企业资金雄厚，具备承担一些投资金额较大的风电项目的能力，通过鼓励大型能源企业进入风电领域，可以有效推动中国风电产业的规模化发展。因此，应该不断调整和完善能源政策

和产业政策,以此支持和鼓励一些大型能源企业进入风电领域进行开发。

(二) 合理引进外资对风电领域的投资

合理引进外资,一方面,应该积极争取国际信贷市场和国际金融组织对风电产业的投资。另一方面,要鼓励金融市场的对外开放,通过对外发行股票、债券来筹措国际资本。同时,政府部门也可以通过相应的价格政策、税收优惠政策等吸引和引导外资对中国风电产业的直接投资。

(三) 引入国外私募股权基金

风力发电行业收益较稳定且风险较小,国内外私募资本可以在这个优良的投资环境中投资以获得股权,或者长期享有收益,并在实现获利后退出。虽然目前国内风力发电公司尚没有取得国内外私募股权投资的案例,但广泛吸收国内外私募股权投资应该是国内风电运营商选择融资方式时的主要发展趋势。

(四) 鼓励民间资本投资进入风电产业

通过相应政策的制定,放宽民间资本的投资限制,鼓励民间资本参与风电产业发展的投融资活动。同时,也要鼓励和支持民营资本与国有企业通过采取合资、合作和联营的方式来参与建设和经营风电项目。

第三节 健全风电产业与金融业耦合系统协调发展的外界保障环境

一 完善风电产业与金融业耦合系统协调发展的政策环境

中国风电产业与金融业耦合系统还处在磨合阶段并向着中度耦合阶段过渡发展的时期,健全和完善有利于风电产业与金融业良性互动的政策保障环境是风电产业与金融业保持乃至向更高水平协调度发展的有力保障。

(一) 完善风电产业发展的激励政策

中国风电产业发展的风电特许权项目、《中华人民共和国可再生能源法》规定的风电等可再生能源发电项目的优先上网权、国家发改委出台的《关于完善风力发电上网电价政策的通知》确定的分资源区制定陆上风电标杆上网电价的电价机制等一系列风电激励政策使得风电产业得到了快速的发展，但与先进国家的差距还是很大，如何解决风电设备核心技术缺乏、风电价格与火电等传统能源发电相比没有市场竞争力等问题，应该是中国风电产业发展激励政策未来需要持续关注的问题。

（二）完善风电产业发展的行业标准

通过制定更为严格的行业标准，提高风电设备生产企业的门槛，对已经进入的企业也明确指出需要整改的方向和要求，从而使风电设备行业的整体发展环境得以改善，这有助于治理风电产能过剩和减少风电机组事故。除此之外，还应加强风电场建设规范与风电并网技术标准等其他环节行业标准的制定。标准的制定应该要结合先进企业、行业协会和国际趋势进行综合考量，并且需要根据实际情况及时更新。同时，产业和产品标准的制定还需要通过严格的执行才能起到规范和引导风电产业健康发展的作用。

（三）优化风电企业资本结构

为了降低风电企业资产负债率，提高风电企业自身盈利能力，要严格控制风电企业的资产负债率增长，加大资产负债管控力度，提升资本利用效率，加强资产负债管理，优化中国风电企业的资本结构，以此提高风电企业的盈利能力，从而吸引更多的金融支持。

二 完善风电产业与金融业耦合系统协调发展的社会环境

社会信用环境、服务环境的不断完善，有利于建立一个良好的社会保障环境，从而保障风电产业与金融业的协调发展。

（一）完善风电产业发展的服务环境

风电产业作为新兴产业，在其与金融业耦合发展的过程中，离不开中介机构为其提供相应的辅助服务。目前，需要进一步推动和完善的风电产业辅助服务主要包括：融资租赁服务、信用担保服务、风险评估服务和金融信息服务。

融资租赁服务为风电产业的发展提供了新的活力。其优势在于解决了承租人既要发展又没有资金投入之间的矛盾，通过融资租赁的模式，引入承租人的资金，获得发展所需要的设备设施（租赁物），提前使用，分期付款，避免了一次性资金投入的压力。因此，应该积极引导风电设备融资租赁服务的发展，通过成立相应的风电融资租赁风险担保公司或者保险公司来控制融资租赁的风险，同时出台更加优惠的政策，如融资低息、投资减税和加速折旧等优惠手段来扶持风电企业融资租赁服务业的稳定发展。

信用担保服务大大降低了风电企业融资的难度和成本。信用担保机构通过介入包括银行在内的金融机构、企业或个人等资金供给方与企业或个人等资金需求方之间，作为第三方保证人为债务方向债权方提供信用担保，降低了中小型风电企业因为抵押物不足而造成的融资困难。因此，应该以国家产业政策、财税政策和优惠政策为引导，允许担保中介机构以独资、合资、合作和股份制等多种形式建立，以此不断充实信用担保中介机构的资金实力，从而充分发挥其信用放大的能力。

风险评估服务降低了风电产业与金融业耦合发展的风险。风电产业属于新兴产业，采用的技术比较前沿，提高风险投资机构对其进行风险评估的能力显得格外重要。因此，风险投资机构应该加强对风电领域技术的了解与学习，对风电项目的技术原理与技术风险多加剖析，对技术含糊不清、市场发展前景不明的项目要尽量回避，避免盲目投资的情况出现。

金融信息服务降低了风电企业融资时的信息搜寻成本。风电产业是一个新兴产业，在其融资的过程中需要相应的金融机构能够为其提供所需的金融信息服务，但这个方面在中国还是一片空白。因此，应该加快建设能够为风电产业发展开展信用信息服务以及风险指数分析等专业领域调查分析的服务机构，并且培养具有这方面专业知识的金融专门人才。只有在确定了风电产业各个环节的资金成本，并对风电产业链技术和服务过程进行了全面的分析，才能够对风电全产业链的资金需求特性与发展风险特性进行科学的分类与管理。

（二）完善风电产业发展的社会信用环境

首先，应该健全中国的市场信用制度。市场信用制度是对市场"信用关系"的一种制度安排，是对市场信用活动的一种约束规则。市场信用制度的建立是规范企业融资行为的前提条件，只有适当的制度安排（守约者得到回报、违约者受到处罚）才能约束企业扭曲的融资行为，建立融资企业与金融机构良好的信用关系，降低信用风险。同时，健全的市场信用制度的建立还有利于培养一个良好的信用环境和市场信用文化，使得市场活动中的违约行为得到有效的控制。

其次，应该健全中国的信用评价体系。信用评级体系和征信体系的建立是社会信用评价体系的重要组成部分，是规范市场经济秩序的基础。信用评级体系是信用评级机构对被评对象的信用状况进行客观公正评价时所采用的项目总称，这些项目形成一个完整的体系。通过这种专业的信用评级机构的评价能够畅通市场信息的传递渠道，能够有效解决市场经营活动中的信用"瓦解"问题，为促进诚信市场的发展提供良好的条件和基础。

第四节　本章小结

本章对促进中国风电产业与金融业耦合系统的协调发展提出了相应的对策建议。包括逐步降低财政补贴，创新风电产业市场化融资模式；拓宽风电产业与金融业耦合的渠道来源和健全风电产业与金融业耦合系统协调发展的外界保障环境三方面的内容。

第 八 章

结论与展望

第一节 主要研究结论

本书从系统耦合的视角出发,以中国风电产业和金融业的良性互动为研究目的,首先,提出了风电产业与金融业耦合的三维度效应,以此为基础构建了风电产业与金融业耦合系统,利用系统科学的分析方法对风电产业与金融业耦合系统的内涵、基本特征和系统框架进行了全面的分析。其次,运用耗散结构理论和熵理论揭示了风电产业与金融业耦合系统不断寻求更高层次有序结构和不断寻求系统熵减的运行与发展的内在规律。再次,通过构建的风电产业与金融业耦合系统"SD-协调度"综合评价模型,对风电产业与金融业耦合系统进行了评价。最后,运用风电产业与金融业耦合系统SD模型对耦合系统的协调发展进行了多政策情景仿真,通过对仿真结果的筛选,确定了促进风电产业与金融业耦合系统协调发展的最优政策方案,并以此对中国风电产业与金融业耦合系统的协调发展提出了相应的对策建议。本书的主要研究结论如下。

一 提出了风电产业与金融业耦合的三维度效应

本书对风电产业与金融业耦合的三维度效应进行了分析,认为风电产业与金融业的耦合从最初的融通资金、中间的资源整合到最终实现价值增值的过程中会产生三个层次的耦合效应,分别是以实现风电企业资金融通为基础的交互效应、以实现风电产业与金融业资源有效配置为基础的互补效应和最终实现的风电产业与金融业价值增长的价值增值效应。

二 分析了风电产业与金融业耦合系统

本书在提出风电产业与金融业耦合的三维度效应基础上,构建了风电产业与金融业耦合系统,并以系统科学理论为基础对风电产业与金融业耦合系统的内涵、边界、环境、特征、要素、子系统构成和系统基本结构关系进行了全面的分析。

三 解析了风电产业与金融业耦合系统的机理

本书首先对风电产业与金融业耦合系统发展的动力机制进行了分析,认为内在动力机制是指通过系统内部各个子系统和各个要素间协调性的不断增强,来促进系统的稳定有序发展,包括:价值动力机制、要素优化配置的动力机制、风险分散的动力机制;外在动力机制则是指系统外部环境对系统稳定有序发展的作用方式,包括:政策动力机制和市场动力机制。

其次,从耗散结构理论的角度剖析了风电产业与金融业耦合系统的耗散结构特征和失稳机制,认为风电产业与金融业耦合系统是一个不断寻求更高层次有序结构的典型耗散结构系统,在系统达到失稳状态时,轻微的涨落会促使风电产业与金融业耦合系统产生一种更优的耗散结构突变,进而促进耦合系统的协调、有序发展。

最后,从系统熵变的角度进一步揭示了风电产业与金融业耦合系统发展的规律,通过对风电产业与金融业耦合系统进行熵流判别,数理刻画了风电产业与金融业耦合系统的速度熵、规模熵、结构负熵,构建了风电产业与金融业耦合系统的熵变模型,通过系统熵的变化,探究风电产业与金融业耦合系统不断协调发展的熵变过程,从中认识到为建立一个协调、有序的风电产业与金融业耦合系统,促进风电产业与金融业价值增值效应的产生,应该减少和消除各类不利于风电产业与金融业协调发展的因素,即减少熵增。同时,应该保障外界环境尽可能多地向系统内部输入负熵流。

四 构建了风电产业与金融业耦合系统的"SD-协调度"评价模型

本书结合系统动力学模型和耦合系统协调度评价模型对风电产业与金融业耦合系统的发展进行了评价。结果显示,到 2025 年中国风电产业与金融业之间处在磨合阶段,风电产业与金融业耦合系统处在中度协调状态,风电产业与金融业之间还存在发展不协调的问题。

五 对风电产业与金融业耦合系统进行了多政策情景仿真

本书基于构建的"SD-协调度"评价模型,利用 SD 模型的政策仿真功能,分别选取了财政补贴率、银行信贷投入占比和股票市场投入占比 3 项指标作为决策变量,并设计了 6 种政策情景仿真方案,对不同政策方案下风电产业产值、金融业利润、风电产业与金融业耦合系统耦合度以及耦合系统协调度进行了仿真结果分析,以此得出在逐步降低财政补贴的同时,提高风电产业与金融业在银行业务及以股票市场为主的资本市场融资业务上的合作可以有效提高风电产业与金融业的产值、耦合系统的规模以及耦合系统的效率。

六 提出了促进中国风电产业与金融业耦合系统协调发展的对策建议

本书以风电产业与金融业耦合系统协调发展的政策仿真结果和最优政策方案的筛选结果为依据,分别从逐步降低风电财政补贴、创新风电产业市场化融资模式、拓宽风电产业与金融业耦合的渠道来源和健全风电产业与金融业耦合系统协调发展的外界保障环境三个方面对促进风电产业与金融业耦合系统的协调发展提出了相应的对策建议。

第二节 未来研究展望

风电产业与金融业耦合系统是一个极其复杂的系统,两个产业的发展都包含了众多的内容,并涉及多个学科,而它们之间更是存在复杂的、动态的相互作用关系。因此,对风电产业与金融业耦合系统的基本结构、系统机理的分析以及对系统评价的实证研究,需要具备较强的研究能力与多学科的知识。但是，因笔者的知识水平和能力有限，也受制于相关数据获取的困难，本书的研究只是在既有研究基础上做了一些侧重和深入，许多问题仍有待做深入分析与探索。

第一，本书在对风电产业与金融业耦合系统进行分析时，因为是初步的探索，所以并没有形成完善的体系，对耦合系统的内涵、特征、结构，以及在系统要素与子系统的划分上都还不够深入。这些都需要在未来的研究中进一步完善。

第二，本书在对风电产业与金融业耦合系统机理的分析上，只从耗散结构和系统熵变两个角度进行。实际上，对系统机理的分析涉及多类研究视角，在下一步的研究中，笔者将尝试从不同的系统机理分析视角对风电产业与金融业耦合系统的运行与发展规律进行更为深入的研究。

第三，本书在风电产业与金融业耦合系统评价模型的构建、指标的选取等方面，因为相关数据的缺乏而具有一定的局限性。在下一步的研究中，笔者将结合国内外文献对模型进行进一步优化，将指标的选择进一步完善，以弥补现存的不足。

第四，本书在对风电产业与金融业耦合系统进行政策仿真时，考虑到系统动力学模型相关决策变量数据的缺乏，只选取了三个决策变量对风电产业与金融业耦合系统进行政策仿真。在下一步研究中笔者将逐步完善风电产业与金融业耦合系统的 SD 模型，选取更多的决策变量对系统进行更为全面和深入的政策仿真分析。

参考文献

著　作

[美] 冯·贝塔朗菲：《一般系统论基础、发展和应用》，清华大学出版社1987年版。

[美] 雷蒙德·W. 戈德史密斯：《金融结构与金融发展》，上海人民出版社1996年版。

傅艳：《产融结合之路通向何方——中国产业与金融结合的有效性研究》，人民出版社2003年版。

魏宏森、宋永华：《系统论——系统科学哲学》，清华大学出版社1995年版。

颜泽贤：《复杂系统演化论》，人民出版社1999年版。

杨凤华：《城市群经济与金融系统耦合机理研究》，苏州大学出版社2013年版。

赵文广：《企业集团产融结合理论与实践》，经济管理出版社2004年版。

期　刊

白钦先：《政策性金融论》，《经济学家》1998年第3期。

蔡则祥、孙国锋：《江苏县域经济与县域金融房发展的耦合研究》，《审计与经济研究》2004年第19卷第5期。

陈峰：《论产业结构调整中金融的作用》，《金融研究》1996年第11期。

陈静、曾珍香：《社会、经济、资源、环境协调发展评价模型研究》，《科学管理研究》2004 年第 3 期。

陈晓枫、叶李伟：《金融发展理论的变迁与创新》，《福建师范大学学报》（哲学社会科学版）2007 年第 3 期。

成思危：《虚拟经济探微》，《南开学报》（哲学社会科学版）2003 年第 2 期。

邓奇志：《西部视角的实体经济系统与金融系统协调度分析》，《求索》2011 年第 3 期。

董朝江、王虹、宋瑞敏：《广西风电产业投融资策略选择》，《区域金融研究》2012 年第 7 期。

董金玲：《区域金融发展与产业结构转变的相互作用机制及其实证研究》，《财政研究》2009 年第 10 期。

傅进、吴小平：《金融影响产业结构调整的机理分析》，《金融纵横》2005 年第 2 期。

高明秀、赵庚星：《土地整理与新农村建设耦合关系：理论基础与研究框架》，《山东农业大学学报》（社会科学版）2011 年第 1 期。

郭金喜：《传统产业集群升级：路径依赖和蝴蝶效应耦合分析》，《经济学家》2007 年第 3 期。

何钟：《我国风电产业发展和投资风险研究》，《西安建筑科技大学学报》（社会科学版）2011 年第 30 卷第 6 期。

河北省金融学会课题组：《金融与经济协调性研究》，《金融研究》2005 年第 8 期。

贺正楚、吴艳、陈一鸣：《生产服务业与专用设备制造业耦合发展研究》，《系统管理学报》2015 年第 24 卷第 5 期。

贾楠：《互联网金融与小微企业金融关系研究——基于金融共生理论视角》，《技术经济与管理研究》2015 年第 10 期。

蒋缨：《基于共生视角的福建省民营金融机构可持续发展策略研究——以泉州市为例》，《金融经济》2016 年第 10 期。

寇晓东、薛惠锋：《1992—2004 年西安市环境经济发展协调度分析》，《环境科学与技术》2007 年第 30 卷第 4 期。

邝小燕、赵俏姿：《我国风电行业国际贸易融资方式分析》，《上海电力学院学报》2010 年第 3 期。

雷立钧、田佳：《国内外风电产业融资问题研究现状及趋势》，《经济研究》2012 年第 4 期。

李华、申稳稳、俞书伟：《关于山东经济发展与人口—资源—环境协调度评价》，《东岳论丛》2008 年第 29 卷第 5 期。

李乐、梁亮斌、刘亚琼、李子林、魏爽：《中小型农业科技企业与金融的耦合机制——民间金融的应用》，《企业发展》2014 年第 7 期。

李天芳：《基于产业耦合理论的我国生态农业与生态旅游业协调发展研究》，《理论探讨》2016 年第 3 期。

李晓西、杨琳：《虚拟经济、泡沫经济与实体经济》，《财贸经济》2000 年第 6 期。

李欣燃：《产业集群与区域经济系统耦合研究》，《当代经济》2004 年第 4 期。

李媛媛、尚朝辉、金浩：《金融创新与房地产业动态耦合协调发展》，《经济与管理研究》2017 年第 38 卷第 6 期。

林毅夫、孙希芳、姜烨：《经济发展中的最优金融结构理论初探》，《经济评论》2005 年第 3 期。

刘继兵、马环宇：《战略性新兴产业科技金融结合评价研究》，《科技管理研究》2014 年第 15 期。

刘树青、周园园：《海上风电项目的 ABS 融资模式探讨》，《风能》2014 年第 3 期。

刘艳芹、高栋：《论系统的自组织性》，《科教文汇旬刊》2008 年第 29 期。

刘志阳、苏东水：《战略性新兴产业集群与第三类金融中心的协同演进机理》，《学术月刊》2010 年第 42 卷第 12 期。

逯进、郭菁菁、陈阳：《金融业效率与经济增长耦合关系的实证分析——以青岛市为例》，《青岛大学学报》（自然科学版）2011 年第 24 卷第 3 期。

马正兵：《中国金融发展与产业增长典型相关分析》，《市场论坛》2004 年第 8 期。

梅良勇、刘勇：《产业集群与产业链耦合的产业承接及其金融支持——以武汉为例》，《金融理论与实践》2011年第5期。

宋德军：《中国农业产业结构优化与科技创新耦合性评价》，《科学学研究》2013年第31卷第2期。

谭玉成：《对环渤海经济圈金融产业集聚与经济增长的耦合关系研究》，《时代金融》2009年第7期。

陶士贵、叶亚飞：《文化产业如何与金融业相耦合——基于文献的研究》，《武汉金融》2014年第3期。

王邦兆、杨琳、郭本海：《区域创新系统耦合度改进模型及实证研究》，《中国管理科学》2014年第22期。

王卉彤、刘靖、雷丹：《新旧两类产业耦合发展过程中的科技金融功能定位研究》，《管理世界》2014年第2期。

王琦、陈才：《产业集群与区域经济空间的耦合度分析》，《地理科学》2008年第28卷第2期。

王翔、李凌：《金融发展、产业结构与地区产业增长》，《财经研究》2013年第5期。

王正明、陈春华、路正南、闻捷：《风电产业系统有序发展研究——基于熵理论的视角》，科学出版社2012年版。

吴勤堂：《产业集群与区域经济发展耦合机理分析》，《管理世界》2004年第2期。

吴庆广：《中国风力发电公司融资模式探讨》，《环境科学与管理》2008年第1期。

吴跃明、张翼、王勤耕、朗东锋：《论环境—经济系统协调度》，《环境污染与防治》1997年第1期。

刑苗、张建刚、冯伟民：《我国金融与海洋产业结构优化的耦合发展研究》，《经济与管理》2016年第32卷第6期。

熊勇清、李世才：《战略性新兴产业与传统产业耦合发展的过程及作用机制探讨》，《科学学与科学技术管理》2010年第11期。

熊正德、林雪：《战略性新兴产业上市公司金融支持效率及其影响因素研究》，《经济管理》2011年第11期。

徐枫、陈昭豪：《金融支持新能源产业发展的实证研究》，《宏观经济研究》2013年第8期。

闫晓梅：《我国风电产业投融资战略选择》，《合作经济与科技》2008年第3期。

杨浩雄、刘仲英：《供应链中企业物流信息耦合度测量方法》，《管理科学》2005年第18卷第1期。

杨士弘：《广州城市环境与经济协调发展预测及调控研究》，《地理科学》1994年第2期。

殷林森：《基于复合系统理论的上海市科技经济系统协调发展研究》，《科技进步与对策》2010年第27卷第2期。

尹优平：《煤炭行业低碳发展与金融支持——以山西为样本》，《中国金融》2010年第24期。

袁纯清：《共生理论及其对小型经济的应用研究》，《改革》1998年第2期。

袁国敏、王亚鸽、王阿楠：《中国虚拟经济与实体经济发展的协调度分析》，《当代经济管理》2008年第30卷第3期。

岳意定、李军：《基于演化博弈的涉农信贷与保险耦合机制稳定性分析》，《系统工程》2011年第9期。

曾繁清、叶德珠：《金融体系与产业结构的耦合协调度分析——基于新结构经济学视角》，《经济评论》2017年第3期。

张宝生、张庆普：《基于耗散结构理论的跨学科科研团队知识整合机理研究》，《科技进步与对策》2014年第31卷第2期。

张伯勇、赵秀生：《中国风电CDM项目经济性分析》，《可再生能源》2006年第2期。

张凤超：《金融产业成长及其规律探讨》，《当代经济研究》2003年第10期。

张莉、阮素梅、许启发：《金融业与产业发展匹配程度的实证研究》，《经济问题》2015年第9期。

张林、李雨田：《金融发展与科技创新的系统耦合机理机耦合协调度研究》，《南方金融》2015年第11期。

张倩男：《战略性新兴产业与传统产业耦合发展研究——基于广东省电子信息产业与纺织业的实证分析》，《科技进步与对策》2013年第30卷第12期。

张媛媛、袁奋强、刘东皇、陈利馥：《区域科技创新与科技金融的协同发展研究——基于系统耦合理论的分析》，《技术经济与管理研究》2017年第6期。

张云：《区域金融发展与经济增长、产业结构调整的关系——以上海经济为例》，《上海经济研究》2008年第12期。

赵辉、顾宝炎：《风电场建设融资决策优化》，《上海金融》2016年第1期。

赵璟、党兴华：《城市群空间结构演进与经济增长耦合关系系统动力学仿真》，《系统管理学报》2012年第21卷第4期。

周叶：《基于灰色系统理论的江西文化产业与旅游产业耦合发展》，《江西社会科学》2014年第3期。

祝佳：《创新驱动与金融支持的区域协同发展研究——基于产业结构差异视角》，《中国软科学》2015年第9期。

论　文

阿茹罕：《风电企业融资的财务风险管理》，博士学位论文，华北电力大学，2016年。

白钦先、谭庆华：《金融功能演进与金融发展》，2004年中国金融学术年会征文，2004年。

冯琼：《海南省医药产业发展的金融支持研究》，硕士学位论文，海南大学，2014年。

符斌：《新疆金风科技股份有限公司供应链融资研究》，硕士学位论文，华北电力大学，2013年。

郭秀莉：《我国风电产业技术创新能力评价研究》，硕士学位论文，燕山大学，2010年。

李惠惠：《石家庄金融业与三次产业发展的耦合关系研究》，硕士学位论文，广西大学，2016年。

李志伟：《CDM 机制对中国风电产业竞争力影响研究》，硕士学位论文，华北电力大学，2014 年。

梁智超：《我国风电企业融资途径研究》，硕士学位论文，内蒙古大学，2012 年。

刘广振：《我国风力发电产业投融资研究》，硕士学位论文，重庆大学，2010 年。

孟泽龙：《区域金融发展与经济增长的耦合关系研究——以湖南省为例》，硕士学位论文，西南大学，2015 年。

秦基财：《中国产业金融的发展思路及对策研究》，硕士学位论文，辽宁大学，2014 年。

冉茂盛：《中国金融发展与经济增长作用机制研究》，博士学位论文，重庆大学，2003 年。

孙天秀：《基于 SCP 范式的中国风电产业竞争力研究》，硕士学位论文，华北电力大学，2012 年。

谈樱佳：《民间金融与民营企业的共生关系研究——以我国东南沿海地区为例》，硕士学位论文，苏州大学，2008 年。

唐力维：《产业结构优化与金融支持研究——基于发展新兴产业的视角》，博士学位论文，西南财经大学，2013 年。

藤欣：《海陆产业耦合系统分析与评价研究》，博士学位论文，天津大学，2013 年。

童志学：《中国汽车产业与信息技术产业耦合发展研究》，博士学位论文，首都经济贸易大学，2016 年。

徐文哲：《基于协同发展的物流金融盈利模式研究》，博士学位论文，北京交通大学，2014 年。

闫超：《基于耦合理论的高技术产业金融供给侧改革研究》，博士学位论文，中国科学技术大学，2016 年。

杨勇：《产业发展中的金融作用研究》，博士学位论文，四川大学，2008 年。

于尚艳：《东北区域金融产业成长研究》，博士学位论文，东北师范大学，2005 年。

喻平:《金融创新与经济增长的关联性研究》,博士学位论文,武汉理工大学,2004年。

张伯松:《中国风电产业融资问题研究》,博士学位论文,中国地质大学,2011年。

张力民:《金融支持新疆农业产业发展不确定性分析及应对策略》,博士学位论文,新疆大学,2014年。

张宇:《风电产业链式融资模式研究》,硕士学位论文,中国科学院,2014年。

赵友亮:《环渤海经济圈金融业效率与经济发展的耦合关系研究》,中国海洋大学,2013年。

周慧:《面向产业低碳发展的金融服务系统及传导机制研究》,博士学位论文,天津大学,2011年。

周倩:《基于系统动力学的风电投资决策研究》,硕士学位论文,华北电力大学,2016年。

外文

Allen, Franklin, "Stock Markets and Resource Allocation, in Collin Mayer and Xavier Vives eds", *Capital Markets and Financial Intermediares*, Cambridge University Press, 1993.

Anders, *The Importance of Informal Finance in Kenyan Manufacturing*, The United Nations Industrial Development Organization (UNIDO) Working, Paper NO. 5, May. www. unido. Org (accessed 5 May 2002).

Bagehot Walter, *Lombard Street: A Description of the Money Market*, London: Henry S. King and Co. , 1873.

Banker R. D. , Cummins J. D. , Klumpes P. J . M. , "Performance Measurement in the Financial Services Sector: Frontier Efficiency Methodologies and other Innovative Techniques", *Journal of Banking & Finance*, Vol. 34, No. 7, 2010.

Beck T. , Levine R. , Loayza N. , "Finance and Sources of Growth", *Journal of Financial Economics*, Vol. 58, 2006.

Blackburn K., Hung V. T. Y., "A Theory of Growth, Financial Development and Trade", *Economica*, Vol. 65, 1998.

Boot A., Thakor A., "Financial System Architecture", *The Review of Financial Studies*, Vol. 10, 1997.

Carlin W., C. Mayer, "Finance, investment and growth", *Journal of Financial Economics*, Vol. 69, 2003.

Dallas. (1998) Competitive strategies and performance in the European Union high – tech industries: an empirical study, the 1997 Annum Meeting of the Decision Sciences Institute, 1998.

Da Rin M., Hellmann T., "Banks as catalysts for industrialization", *Journal of Financial Intermediation*, Vol. 4, 2002.

David G. Mayer, *Green Finance: Opportunities in Wind, Solar and Infrastructure Financing*, ELFA 48th ANNUAL CONVENTION, 2009.

Diamond, Douglas W., "Financial Intermediation and Delegated Monitoring", *Review of Economic Studies*, Vol. 51, 1984.

E. Alishahi, M. Parsa Moghaddam, M. K. Sheikh – El – Eslami, "A system dynamics approachfor investigating impacts of incentive mechanisms on wind power investment", *Renewable Energy*, Vol. 37, 2012.

Emily Boyd, Nate Hultman, Timmons Roberts, "Reforming the CDM for sustainable development: lessons learned and policy futures", *Environmental Science and Policy*, Vol. 7, No. 12, 2009.

Finance for wind turbines, http://www.aeoluspower.co./finance,html.

Fisman R., I. Love. Financial Development and the Composition of Industrial Growth, NBER: Working Paper 9583, 2003.

Forrester J. W., "Industrial dynamics: A major breakthrough for decision makers", *Harvard Business Review*, Vol. 36, No. 4, 1958.

Friedel Juergen K. Ehrmann Otto, Pfeffer Michael, "Soil Microbial Biomass and Activity: The Effete of Site Characteristics in Humid Temperate Forest Ecosystems", *Journal of Plant Nutrition and Soil Science*, Vol. 169, No. 2, 2006.

Gary Gereffi, "A Commodity Chains Framework for Analyzing Global Industries", *Supply Chain Management: An Overview*, Vol. 8, 1999.

George J. Benston, "Regulating Financial Markets: A Critique and Some Proposals", *Institute of Economic Affairs*, 1996.

Goldsmith R. W., *Financial Structure and Development*, New Haven: Yale University Press, 1969.

GP Kabango, A Paloni, "Financial liberalization and the industrial response: concentration and entry in Malawi", *World Development*, Vol. 39, No. 10, 2011.

Greenwood Jeremy, Jovanovic Boyan, "Financial Development, Growth, and the Distribution of Income", *Journal of Political Economy*, Vol. 98, No. 5, 1990.

Hayne E., Leland, David H. Pyle, "Informational Asymmetries, Financial Structure, and Financial Intermediation", *The Journal of Finance*, Vol. 32, 1977.

Hugh T. Patrick, "Financial Development and Economic Growth in Underdevelopment Countries", *Economic Development and Cultural Change*, Vol. 14, No. 2, 1996.

John Hicks, *A Theory of Economic History*, Oxford University Press, 1969.

John P. Harper, Matthew D. Karcher, Mark Bolinger, *Wind Power Business Models: Deal Structures and Economics Project Financing Overview*, Environmental Energy Technologies Division, 2007.

K. Cory, J. Coughlin, T. Jenkin, *Innovations in Wind and Solar PV Financing*, National Renewable Resource Laboratory, 2008.

K. E. Weick, "ducational Organization as loosely Coupled Systems", *Administrative Science Quarterly*, Vol. 21, 1976.

King R. G., Levine R., "Finance and Growth: Schumpeter might be Right", *Quarterly Journal of Economics*, 1993.

Laura Clayton, Hugh Mason, "The financing of UK Creative Industries SMEs", http://pembridge.typepad.com/my_weblog/documents/The_financing_of_UK_creative_industries_SEMs.pdf (accessed 4 July 2006).

L. Baringo, A. J. Conejo, "Wind power investment within a market environment", *Applied Energy*, Vol. 88, 2011.

Lee White. *Financing Renewable Energy in Today's Capital Markets*, George K Baum and company, 2009.

Levine, Ross, "Financial Development and Economic Growth: Views and Agenda", *Journal of Economic Literature*, 1997.

Levine R., Loayza N., Beck T., "Financial Intermediation and Growth: Causality and Causes", *Journal of Monetary Economics*, Vol. 46, No. 1, 2000.

Low M., Abrahamson E., "Movements, bandwagons and clones: industry evolution and the entrepreneurial process", *Journal of Business Venturing*, Vol. 12, 1997.

Masoud Hasani – Marzooni, Seyed Hamid Hosseini, "Dynamic model for market – based capacity investment decision considering stochastic characteristic of wind power", *Renewable Energy*, Vol. 36, 2011.

Mckinnon, R. I., *Money and Capital in Economic Development*, Washington: The Bookings Institution, 1973.

Merton, Bodie, "A Conceptual Framework for Analyzing the Financial Environment", in Dwight B Crane Eds. *The Global Financial System: A Functional perspective*, Harvard Business Press, 1995.

Michael Gillenwater, "Probabilistic decision model of wind power investment and influence of green power market", *Energy Policy*, Vol. 1, 2013.

Ming Yang, François Nguyen, "Wind farm investment risks under uncertain CDM benefit in China", *Energy Policy*, Vol. 38, No. 1, 2010.

Mohammed A. Alyra, *Wind Power projects on project finance basis: Risk Allocation*, International Finance Corporation, 2007.

Peter Elsborg Obling, *Valuation Models for Wind Farms under Development*, Copenhagen Business School, 2010.

Pyon C. U., Woo J. Y., Park S. C., "Service Improvement by Business Process Management using Customer Complaints in Financial Service Industry", *Expert Systems with Applications*, Vol. 38, No. 4, 2011.

Rajan R., Zingales. L, "Financial Dependence and Growth", *American Eco-

nomic Review, 1998.

Robinson J., *The Generalization of the General Theory*, *in the Rate of Interest, and Other Essays*, London: Macmillan, 1952.

Ron J. Berndsen, Carlos León, Luc Renneboog, "Financial Stability in Networks of Financial Institutions and Market Infrastructures", *Journal of Financial Stability*, 2016.

Ryan Wiser, Edward Kahn, *Alternative Wind power Ownership Structures: Financing Terms and Project Costs*, Lawrence Berkeley National Laboratory, 1996.

Saint-Paul G., "Technological Choice, Financial Markets and Economic Development", *European Economic Reviews*, Vol. 36, No. 7, 1992.

Schumpeter J. A., *The economics and sociology of capitalism*, Princeton: Princeton University Press, 1911.

Shaw, E., *Financial Deepening in Economic Development*, New York: Oxford University Press, 1973.

Umit Ozmel, David T. Robinson, Toby E., "Stuart. Strategic alliances, venture capital, and exit decisions in early stage high-tech firms", *Journal of Financial Economics*, Vol. 107, 2013.

V. Bencivenga, B. Smith, "Financial Intermediaries and Endogenous Growth", *Review of Economic Studies*, Vol. 58, No. 2, 1991.

Vicecte Galbis, "Financial intermediation and economic growth in less-developed countries: A theoretical approach", *The Journal of Development Studies*, Vol. 13, No. 2, 1976.

Wurgler J., "Financial Markets and the Allocation of Capital", *Journal of Financial Economics*, Vol. 58, 2000.

Zahid Hussain Hulio, Wei Jiang, S. Rehman, "Technical and economic assessment of wind power potential of Nooriabad, Pakistan", *Energy, Sustainability and Society*, 2017.